◎ 国家自然科学基金青年项目（71704051）

◎ 湖南省自然科学基金面上项目（2019JJ40087）

◎ 湖南省教育厅优秀青年项目（18B208）

◎ 湖南科技大学学术著作出版基金

基于空间计量理论的
区域房价空间联动及其影响研究

◎ 王　鹤／著

吉林大学出版社

· 长春 ·

图书在版编目（CIP）数据

　　基于空间计量理论的区域房价空间联动及其影响研究 /

王鹤著 .—长春：吉林大学出版社，2020.12

　　ISBN 978-7-5692-7196-6

　　Ⅰ.①基… Ⅱ.①王… Ⅲ.①房价－研究－中国

Ⅳ.① F299.233.5

　　中国版本图书馆 CIP 数据核字 (2020) 第 191153 号

书　　　名　基于空间计量理论的区域房价空间联动及其影响研究
　　　　　　JIYU KONGJIAN JILIANG LILUN DE QUYU FANGJIA KONGJIAN LIANDONG
　　　　　　JI QI YINGXIANG YANJIU

作　者　王　鹤　著
策划编辑　李承章
责任编辑　安　斌
责任校对　张文涛
装帧设计　朗宁文化
出版发行　吉林大学出版社
社　　址　长春市人民大街 4059 号
邮政编码　130021
发行电话　0431-89580028/29/21
网　　址　http://www.jlup.com.cn
电子邮箱　jdcbs@jlu.edu.cn
印　　刷　湖南省众鑫印务有限公司
开　　本　710mm×1000mm　1/16
印　　张　14
字　　数　206 千字
版　　次　2021 年 3 月　第 1 版
印　　次　2021 年 3 月　第 1 次
书　　号　ISBN 978-7-5692-7196-6
定　　价　98.00 元

王　鹤　1982年6月出生，湖南双峰人，经济学博士，副教授，硕士生导师，湖南科大学商学院经济学系教工党支部书记、系主任，中国共同富裕研究中心主任。2012年毕业于中山大学岭南学院，2018年入选湖南省"湖湘青年英才"、湖南省普通高校教师党支部书记"双带头人"标兵、湖南科技大学高层次人才"青年创新人才"（奋进学者），2019年入选湘潭市高层次人才。主持或完成国家自然科学基金青年项目1项，教育部人文社会科学青年基金项目1项，湖南省自然科学基金面上项目1项，湖南省哲学社会科学青年基金项目1项，湖南省教育厅优秀青年项目1项，参与国家社会科学基金重大项目1项、其他国家级项目多项。在《统计研究》《南开经济研究》《经济评论》《南方经济》《财贸研究》《中国房地产（学术版）》等国内核心期刊或专业期刊上发表多篇学术文章。

前　言

长期以来，我国学术界主要在单个城市层面或国家总体层面研究房地产价格的影响因素、房地产泡沫的存在性和房地产价格的区域差异性，而往往忽略了从区域维度考虑房地产价格的互动关系。事实上，生产要素的流动、信息的传递、外生冲击的相似性及政策的类似性等因素，都将不可避免地导致区域房价的空间联动。因此，在区域房价的分析过程中，忽略各地区房地产价格的空间联系，一方面将无法正确地探讨房地产价格的形成机制；另一方面也将会造成模型的设定误差，从而使估计结果有偏。对此，本研究基于空间计量经济学理论与方法，从多个角度分析了我国区域房价的空间联动及其影响。

本研究共分三篇，共包括十个章节。第一篇为绪论与空间计量理论。主要介绍了本研究的研究背景、研究意义、研究方法、研究内容、研究创新与空间计量经济学的基本内涵、实现步骤、发展阶段，及空间计量模型的设定、选择、估计。第二篇为次贷危机前区域房价的空间联动。主要通过全局空间自相关指标和局部空间自相关指标测度了区域房价的空间关联程度，运用广义空间面板数据模型实证了区域房价的影响因素，基于广义空间动态面板模型分析了区域房价的时空联动。第三篇为次贷危机后区域房价空间联动的影响。主要利用空间脉冲响应函数分析了区域房价的时空扩散效应，运用动态空间杜宾模型考察了区域房价与城镇化的空间相关特征，基于共同因子模型考察了经济环境与调控政策等对区域房价的影响。

本研究实证结果表明:

(1)我国区域间房价存在显著的截面强相关和截面弱相关。我国商品房平均销售价格的 Moran's I 值在数值上随时间的推移而增大,且 CD 检验值均在 1% 的显著水平下显著。

(2)地理位置特征和社会经济特征均会对区域房价及其空间相关性产生影响,邻近地区房价对当地房价的影响程度(分别为0.72和0.44)比其他相关地区的影响程度(分别为0.58和0.33)大,相似地区房价对当地房价的影响程度(分别为0.44和0.33)比不相似地区的影响程度(分别为0.72和0.58)小。

(3)从空间脉冲响应函数来看,在东部地区内,相邻地区房地产价格变动对该地区房价的影响会持续3个季度,上一期房价变动对该地区房价的影响将持续一年半左右;在中部地区内,相邻地区房地产价格变动对该地区未来房价不会产生显著影响,上一期房价变动对该地区房价的影响将持续5个季度左右;而在西部地区内,相邻地区房地产价格变动对该地区房价不会产生显著影响,上一期房价变动对该地区房价的影响将持续2个季度左右。

(4)城镇化进程是推动房地产价格上涨的重要因素,其影响程度与房地产开发投资、房屋供给增加基本相似;且城镇化率的提升通过两种方式影响当地房地产价格的上涨,其一是通过直接增加对当地房地产的需求,由回归系数体现,其二是通过增加对相关地区房地产的需求,由"反馈效应"体现。

(5)区域房价还受经济环境因子和调控政策因子两个共同因子的影响。相对于其他经济事件,次贷危机对我国各地区房价的影响最大,相对于其他时期的房价调控政策,2003—2008年的调控政策更为有效;且各地区对共同冲击的反应是异质的,无论是经济环境因子还是调控政策因子的影响,按区域房价对其反应的方向和强度,可分为五组。

基于本研究的研究结论,可获得如下启示:

(1)在分析我国房地产价格的形成与变动时,除了经济基本面因素(如城镇居民可支配收入、房屋供给面积、土地价格等),还要充分考虑区域房价自身间的互动关系及成因。

(2)应建立房地产市场平稳健康发展长效机制，弱化因区域房价时空联动与扩散效应造成的消极作用；同时充分利用区域房价之间的时空联动关系与扩散效应，以周边卫星城市房地产价格洼地反向带动大城市住房价格的合理回归。

(3)政府在制订房价调控政策时应充分考虑居民的响应及地区差异，传统"漫灌式"的房价调控政策已不再适宜，分类别的"滴灌式"调控政策才能更好地发挥作用。

本研究将房价时空的整体(由房地产价格的属性决定)作为研究对象，特别强调空间视角的分析，系统探讨区域房价的时空互动成因与机理，拓宽和充实了房地产价格的相关理论。在此过程中，构建区域房价的广义空间面板数据模型、时空动态面板数据模型、空间脉冲响应函数和共同因子模型，这对于丰富我国该领域的研究方法具有重要学术价值。与此同时，本研究通过探讨区域房价时空互动成因，分析时空冲击的持续时间与共同冲击的个体异质，将有助于政府制定房价调控"区别政策"，改变"一刀切"模式，也有助于房地产市场参与者更准确地把握房价趋势，进而做出理性的消费与投资决策，从而有助于稳定市场预期、遏制房价过快上涨。

王　鹤

2020 年 6 月 30 日

目 录

第一篇　绪论与空间计量理论

第二篇 次贷危机前区域房价的空间联动

第三篇　次贷危机后区域房价空间联动的影响

第一篇

绪论与空间计量理论

第一章 绪 论

第一节 研究背景

1998年7月，国务院颁发了《关于进一步深化城镇住房制度改革，加快住房建设的通知》明确提出"稳步推进住房商品化、社会化，逐步建立适应社会主义市场经济体制和我国国情的城镇住房新制度"。这是我国房地产市场发展过程中的一项重要改革，标志着我国房地产市场向社会化、商品化和市场化推进。该通知颁布以来，城镇住房市场化程度不断提高，居民住房消费观明显改变，房地产市场蓬勃发展。房地产市场的持续快速发展，在不断改善居民居住条件、完善城市功能的同时，也促进了国民经济的发展。经过二十几年的发展，房地产业已成为我国国民经济发展的一个重要产业。

长期以来，我国学术界对房地产价格的研究一直主要集中在单个城市层面或国家总体层面，主要研究房地产价格的影响因素、房地产泡沫的存在性和房地产价格差异性，如周京奎（2005）、严金海（2006）、王爱俭和沈庆劼（2007）、梁云芳和高铁梅（2007）、董志勇等（2010）、吕江林（2010）。在这个分析过程中，即使有许多时候用到多个截面样本数据，也往往运用了面板数据模型（panel data model），但都因很难将空间因素定量化而未考虑区域房价的互动关系。

事实上，随着房地产市场的发展、城市化进程的加快，城市土地资源的稀缺性越来越明显，各地房地产价格持续上升。我国商品房平均价格从2 063元/m²上升到2007年的3 864元/m²，2008年由于受世界金融危机的影响，我国房地产价格有所下降，但2009年以后，各地房价又纷纷上涨，北京、上海、广州、深圳等一线城市的房地产价格动辄每平方米数万元，其他二、三线城市的房地产价格也出现了大幅度上涨，正呈现追赶之势。这表明各城市或地区间房地产价格存在一定程度的区域相关性(空间相关性)。目前我国关于这方面的研究尚处于起步阶段，主要是运用协整检验和格兰杰因果检验分析我国各地区(或城市)房价的长期趋势及因果关系，如王松涛等(2008)、陈章喜和黄淮(2010)、钟威(2010)。

那么，一个地区房地产价格的变化是否会对相关地区的房地产价格产生影响，即各地区房价之间是否存在空间自相关？如果一个地区房地产价格的变化会影响另一个地区房地产价格，这种影响程度有多大？持续时间有多长？在考虑了区域间房地产价格的相互影响后，其他影响房地产价格的因素对房价的影响有多大？本研究将对这些问题进行系统的分析。

为了研究上述问题，本研究将利用最近发展起来的面板空间计量模型和共同因子模型来研究我国房价区域互动关系。与其他方法不同[(主要是多变量格兰杰因果关系检验和脉冲响应函数方法，如 Alexander 和 Barrow (1994)、Gupta 和 Miller (2009)、黄飞雪等(2009)、钟威(2010) 等)]，空间计量模型通过空间自相关来体现房价的区域互动关系，共同因子模型通过提炼共同因子体现外生冲击对区域房价的同期影响。这些方法既可以同时考虑同一层面上许多不同地区(或城市)房价的互动关系，又可测度出一个地区(或城市)房价对其相关地区(或城市)房价影响的大小。

第二节　研究意义

从理论上看：本项目在一个全新的视角下将房价时空的整体(由房地产价格的属性决定)作为研究对象，特别强调空间视角的分析，系统地探讨区域房价的时空互动成因与机理，拓宽和充实了房地产价格的相关理论。在此过程中，构建广义空间面板数据模型、时空动态面板数据模型和共同因子模型，这对于丰富我国该领域的研究方法具有重大学术价值。

从实践上看：本项目探讨区域房价时空互动成因，定量分析时空冲击的持续时间与共同冲击的个体异质，将有助于政府制定房价调控"区别政策"，改变"一刀切"模式，也有助于房地产市场参与者更准确地把握房价趋势，进而做出理性的消费与投资决策，从而有助于稳定市场预期、遏制房价过快上涨。

第三节　研究方法

本研究采用了以下几种研究方法：

(1)探索性空间数据（ESDA）分析。本研究通过 Moran's I 指标测度我国房价的全局空间自相关，通过 Moran 散点图和 LISA 聚集图测度我国房价的局部空间自相关。两者的结合使用能很好地发现我国房地产价格区域互动的存在性及区域集聚特征。

(2)空间计量模型。本研究首先使用广义空间面板数据模型来分析我国房地产价格的区域相关性(静态方法)；然后通过广义空间动态面板数据模型来分析我国房地产价格的时间相关性；最后运用时空动态面板数据模型考察全国范围及东、中、西部地区区域房价的时空联动关系。

(3)局部线性投影法。在考虑了空间相关后，传统的脉冲响应方法已不适用，而局部线性投影（Jorda，2005)能通过当前信息集直接估计出因变量将来值的一系列线性投影，从而得到空间脉冲响应函数的一致估计结果。

(4)共同因子模型。在共同因子模型中，不可观测因素通过个体效应和共同因子联合测度，而因子载荷允许个体反应异质，从而可用来分析区域房价的截面强相关问题，即由凌驾于整个区域市场的经济或行政等力量导致的一种区域房价同步波动。

第四节　研究内容

从结构上看，本研究共包括三部分，总计十章。其中，第一部分为绪论与空间计量理论(包含第一章、第二章和第三章)，第二部分为次贷危机前区域房价的空间联动(包含第四章、第五章和第六章)，第三部分为次贷危机后区域房价空间联动的影响(包含第七章、第八章和第九章)，最后一章(第十章)为本研究主要结论与未来研究展望。各章节的研究内容具体如下所述：

第一章，绪论。本章节主要介绍本研究的研究背景、研究意义、研究方法、研究内容与研究创新。

第二章，空间计量经济学的内涵与发展历程。本章节基于现有文献提炼空间计量经济学的基本内涵、实现步骤；并对空间计量经济学发展三个阶段(起步阶段，腾飞阶段和成熟阶段)的基本特征进行归纳总结。

第三章，空间计量模型的设定与估计。本章节首先给出了静态空间面板数据模型和动态空间面板数据模型的基本形式；然后，给出了空间计量模型选择的基本假设与检验统计量；最后，通过文献归纳介绍了空间计量模型估计的两类主要方法。

第四章，基于空间自相关检验的区域房价联动初探。本章节主要是通过探索性空间数据分析法检验我国区域房价空间相关的存在性。首先，介绍了Moran's I检验统计量(全局空间自相关指标)、Moran 散点图和 LISA 检验统计量(局部空间自相关指标)测度经济现象空间自相关程度的指标。然后，运用这些指标测度了我国区域房价间的空间相关程度与聚集特征。

第五章，基于广义空间面板模型的区域房价影响因素分析。首先，根据空间计量模型设定的检验方法(Debarsy and Ertur，2010)对我国区域房价进行检验；然后，运用广义空间面板数据模型进行实证分析，并从劳动力流动、资本流动、信息传递、政府政策、企业定价能力及其他外生冲击(如宏观经济环境、房地产政策)等方面分析我国区域房价互动的成因与机理；最后，通过另一种模型设定方式及估计方法对分析结果进行稳健性检验。

第六章，基于广义空间动态面板模型的区域房价时空联动分析。由于房地产市场为非有效市场(上一期房价往往会影响下一期房价)，本章节首先得到了我国房价的广义空间动态面板数据模型(将时间滞后因素包括进来)；然后，利用我国房价的省际面板数据，比较分析我国房地产价格的时间相关性和空间相关性；最后，利用经济相邻加权矩阵、空间距离加权矩阵与经济距离加权矩阵三种不同的空间加权矩阵检验我国房地产价格的时间相关性和空间相关性。

第七章，基于空间脉冲响应的区域房价时空扩散效应分析。本章节首先采用时空动态面板数据模型分析全国范围房价和东、中、西部地区房价的区域相关性及差异；然后，利用 Jorda (2005)提出的局部线性投影法计算空间脉冲响应函数，分析一个地区房价的变化将对其相邻地区的房价有多大程度和多长时间的影响；最后，通过一个时间个体效应时空动态面板数据模型对其分析结果进行检验。

第八章，城镇化过程中房地产价格的空间效应分析。本章节主要考察城镇化影响房地产价格的程度及空间相关特征。首先，使用空间地图与探索性空间数据分析工具研究了中国商品房平均销售价格与城镇化率的空间分布格局与空间相关特征；其次，建立动态空间杜宾模型分析城镇化对房地产价格的影响；再次，通过估计总效应、直接效应和间接效应来测度城镇化率及其他外生解释变量对房价的影响程度与方式；最后，从空间距离、地理区位、城市规模角度考察了城镇化影响房地产价格的空间异质效应。

第九章，基于共同冲击因素的区域房价异质性效应分析。本章节主要关注经济环境与调控政策等共同冲击对区域房价的影响，强调重大事件与我国房地产市场变动的内在关系。首先，界定截面强相关与截面弱相关的概念、检验方法及区别；其次，运用平均相关系数与 CD 统计量测度我国区域房价的截面强相关；然后，建立我国区域房价的共同因子模型，并运用 AMG (augmented mean group）估计法进行实证分析；最后，具体考虑各类共同因子的影响程度与区域反应差异。

第十章，研究结论与政策建议。主要总结本研究所得到的主要结论、局限性及将来进行研究的方向。

第五节　研究创新

本研究的创新主要体现在以下三个方面：

（1）研究视角的创新。本研究从区域层面出发，将房价时空的整体（由房地产价格的属性决定）作为研究对象，特别强调空间视角的分析，系统地探讨区域房价的时空互动成因、方式、强度等。在研究过程中，将影响我国房价及其波动的三个层面因素（经济基本面、区域房价本身相互联动、房价调控政策）融合在一起进行分析，这是一个全新的研究框架与体系。

（2）研究方法的创新。关于区域房价互动关系的研究，目前，我国学者主要研究区域房价是否存在长期协整关系、是否存在格兰杰因果关系。格兰杰因果关系检验在检验一个核心地区（或核心城市）房价冲击如何传导给周边地区（或城市）时，能较好地发现其传导机制，但格兰杰因果关系检验中无法引入其他解释变量，而且往往只能研究一对一的变动关系。本研究首先通过广义空间面板数据模型验证我国房地产价格区域互动的存在性，然后通过广义时空同步面板数据模型、时空动态面板数据模型分析我国区域房价空间滞后效应、时间滞后效应和时空滞后效应；最后利用局部线性投影法估计空间脉冲响应函数，分析空间滞后效应、时间滞后效应及其他影响因素的一个冲击对房价的影响。这些方法的运用既可测度出一个地区（或城市）房价对其相邻地区（或城市）房价影响的大小，也可以测度考虑了空间相关后其他因素对该地区房价的影响，同时还能把房价的时间维度考虑进来。此外，还进一步运用共同因子模型考虑了区域房价的截面强相关问题。

(3)研究结论的创新。通过探索性空间数据分析实证发现，我国区域房价存在空间自相关且这种相关性在不断增强。通过我国区域房价的广义空间面板数据模型实证发现，无论是全国范围、东部地区、中部地区，还是西部地区，空间相关是影响我国房价的一个重要因素。通过我国区域房价的广义空间动态面板数据模型实证发现，本地区上一期的房价及相邻地区本期的房价是影响该地区本期房价的两个重要因素，并且发现相邻地区之间房价的影响程度比其他不相邻地区之间房价的影响程度大，有相似经济特征的地区间房价相互影响程度比经济特征不相似的地区间房价相互影响程度小。通过空间脉冲响应函数实证发现，在东部地区内，相邻地区房地产价格变动对该地区房价的影响会持续3个季度，上一期房价变动对该地区房价的影响将持续一年半左右；在中部地区内，相邻地区房地产价格变动对该地区未来房价不会产生显著影响，上一期房价变动对该地区房价的影响将持续5个季度左右；而在西部地区内，相邻地区房地产价格变动对该地区房价不会产生显著影响，上一期房价变动对该地区房价的影响将持续2个季度左右。通过共同因子模型发现，区域房价受经济环境与调控政策两个因子影响。

第二章　空间计量经济学的内涵与发展历程

Paelinck 和 Klaassen（1979）合著的《空间计量经济学》第一次明确地对空间计量经济学的内容和方法论进行了系统的概述，很多学者将此作为计量经济学的开端(尽管之前也有学者讨论过空间计量经济学)。经过四十多年的发展，至今空间计量经济学已取得了诸多重要突破，并在应用计量经济学和社会学中作为方法论被广泛运用。本部分将从空间计量经济学的内涵、发展历程及现状等方面对其进行讨论。

第一节　空间计量经济学的内涵

从 1979 年至今，按时间先后，对空间计量经济学内涵的描述共有三种观点。第一种观点由 Paelinck 和 Klaassen（1979）提出。Paelinck 和 Klaassen（1979）并没有给出空间计量经济学的明确含义，但是给出了构建空间计量模型的五个原则：空间依赖的角色、空间关系的非对称性、其他地区解释因素的重要性、"事前""事后"相互作用的区别、明确空间模型的空间结构。这一观点强调在空间计量模型中必须有恰当的变量(如同异质现象的测度、距离衰减函数、空间结构等)来体现空间现象。Ancot 等（1990）认为这一观点给出了空间计量经济学与时间序列的本质区别。

第二种观点由 Anselin（1988d）提出。Anselin（1988d）从区域科学角度出发，将空间计量经济学研究领域描述为"在区域科学模型的统计分析中，用来处理空间特征问题的一系列计量技术"。该观点是基于区域科学提出的，从而并没有对模型的设定、估计做出明确的界定。为了与传统的计量经济学相区别，Anselin（1988d）在此基础上将空间计量经济学定义为"在区域科学中不能直接应用标准计量方法处理的空间方面的数据与模型"。Anselin 进一步将空间效应分为两类：空间相关和空间异质。空间相关是一种特定的截面相关，它是由观测值在地理空间上的相对位置(如距离、空间排列)造成的随机变量之间的相关。尽管这一相关与时间范畴的相关相似，但空间相关的明显属性要求一系列特殊方法解决，而标准计量方法无法直接将时间序列方法扩展至两维状态(时间和空间)。空间异质性是一种特殊的可测或不可测异质(该问题在标准计量经济学中常见)。与空间相关不同，处理此问题不需要特定的计量方法，它可以通过空间变系数、随机系数和空间结构变化在模型中体现出附加的空间异质信息。处理空间异质性的主要困难在于往往很难将其与空间相关区分开来。

在接下来的二十多年中，空间计量经济学在应用经济和其他主流社会学科中得到广泛应用，而上述两种观点对空间计量经济学研究主题与研究范畴的界定已不适用。Anselin（2006）将空间计量经济扩展为"在模型的设定、估计、诊断和预测中，处理观测值位置、距离和结构造成相关的计量方法，这种相关往往出现在处理截面数据与时空数据中"。该定义明确指出现代空间计量经济学由四部分组成，即模型的设定、估计、诊断和预测。

第一部分，模型设定。主要是处理如何将空间相关及空间异质问题在回归模型中用数学形式表现出来。对于空间相关主要是通过引入空间滞后变量(如对"相邻"地区的观测值进行加权平均)模型来体现。空间滞后变量可以是解释变量(空间截面回归模型)、被解释变量(空间滞后模型)和误差项(空间误差模型)，还可以将其结合(最常见的是广义空间模型)。空间异质的设定可分为离散异质和连续异质。离散异质可通过事先设定不同类型的空间单位或空间链来实现，从而使不同的空间单位具有不同的回归系数。连续异质需设定回归系数在空间范围内如何变化，有两种方法可以实现：一种是 Fotheringham 等（2002）的地理加权回归（GWR）；另一种是 Gelfand 等（2003）的随机变系数回归（SVC）。

第二部分，模型估计。一旦将空间效应引入回归模型，传统估计方法无法解决由空间相关引起的空间同步变化或误差项非球形结构和其他空间计量模型特征，为此必须发掘合适的估计方法。其中基于极大似然估计（Ord，1975）和基于广义矩估计或工具变量估计（Anselin，1980；Kelejian and Prucha，1998b）的估计方法被空间计量经济学广泛运用。

第三部分，模型诊断。共有三种方法可以用来对空间计量经济学的模型进行诊断。最早是应用 Moran's I 指标和线性相关检验来检验线性回归模型残差的相关性（Cliff and Ord，1972；Kelejian and Robinson，1992）。H. Kelejian 和 Prucha（2001）进一步将其扩展至非线性模型的残差。然后 Anselin 等（2001）提出 LM 检验和得分率检验（在极大似然估计框架下）来检验空间相关和空间异质性的类型。Baltagi 等（2007）提出用随机效应检验面板数据下的空间相关和空间异质。

第四部分，空间预测。这部分学者们关注得较少，主要工作集中在地理统计中（如 Schabenberger and Gotway，2005）。

第二节　空间计量经济学的发展历程

空间计量经济学的形成主要有两个来源。第一个来源可追溯到地理科学的定量革命，以 Berry 和 Marbe 在 1968 年出版的《空间分析》为标志（Berry and Marble，1968）。在此之后 Curry（1970）、Gould（1970）、Tobler（1970）等几位地理学专家在其经典文献中对空间分析做了进一步的探讨。至 20 世纪 70

年代中期，许多地理学家在其论文中开始讨论空间模型的设定与估计问题。第二个来源是区域科学与区域经济学，在处理区域问题时需要考虑空间效应。Granger(1969，1975)和 Fisher(1971)最早提出需要空间方法解决区域问题。《空间相关下的计量估计》(Fisher，1971)被看作应用经济文献中第一批考虑空间自相关(它将影响到城镇线性回归模型的估计)的论文。Paelinck 和 Nijkamp (1975)进一步指出需要合适的空间方法解决区域科学中的空间问题。Hordijk 和 Paelinck (1976)开始涉及空间计量方法。到1977年，已出现大量处理空间自相关的文献。但这些文献的重点都是讨论如何在现有方法基础上处理空间相关问题，而没有发展出真正适用于空间相关的新方法。

在空间计量经济学四十多年的发展历程中，大致可将其分为三个阶段，起步阶段、腾飞阶段和成熟阶段。

一、空间计量经济学的起步阶段

20世纪70年代中期至80年代末是空间计量经济学发展的起步阶段，在这一阶段发展的计量经济学主要关注于空间自相关残差的检验(最初运用 Moran's I 统计量)、空间模型的设定、基本的估计方法及模型的识别。

空间自相关检验方面，1972年，由 Cliff 和 Ord 发表在《地理分析》的文章论证了如何通过 Moran's I 统计量检验空间自相关(基于普通最小二乘法的残差)。接下来的许多文献对其性质和检验势进行了讨论并将其运用到各种不同的残差中(如 Hordijk，1974；Bartels and Hordijk，1977)。在这个阶段的后期，学者们开始关注基于极大似然估计的检验统计量，如极大似然率和拉格朗日乘子等统计量(Burridge，1980；Anselin，1988a)。

模型设定方面，这一时期主要集中在混合回归。Ord (1975)、Cliff 和 Ord (1981)提出了空间自回归和空间误差模型(但未解决空间相关估计问题)，后继学者将其扩展到不同的模型设定策略中，如 Anselin (1980)、Blommestein (1983，1985)。Casetti (1972，1986)通过空间扩展方法解决了空间异质的设定问题。

这一时期空间计量模型的估计方法主要集中在极大似然估计法，它最先由 Ord 在 1975 年提出，Hepple（1976）、Anselin（1980）讨论了它的实证性质。另外一些学者则探索了更加复杂误差设定下的估计，如 Bodson 和 Peeters（1975）及 Cook 和 Pocock（1983）。尽管极大似然估计在这个时期已被当成空间计量模型估计方法的范式，但也涌现出了一些其他的估计方法，如工具变量法（Anselin，1980）、贝叶斯估计法（Hepple，1979；Anselin，1982）。

到了 20 世纪 80 年代中期，学者们的注意力从残差的空间自相关检验转移到了模型的识别与空间计量模型设定的检验方面，学者们提出了多种模型的选择与检验方法，Horowitz（1982，1983）、Bivand（1984）、Blommestein 和 Nijkamp（1983）、Anselin（1988b）等对其做了概述。

最后，在这个时期也有学者开始对时空计量模型做了部分初始工作（Bennett，1979），其中值得关注的是 Hordijk 和 Nijkamp 等人提出的空间似无关模型（Hordijk and Nijkamp，1977；Hordijk，1979）。

二、空间计量经济学的腾飞阶段

20 世纪 90 年代是空间计量经济学飞速发展的阶段，这个阶段的文献为空间计量经济学进入计量经济学的主流打下了基础。与第一个阶段相比，这一阶段出现了三个重要的特征。

第一个特征是大量新的研究者涌入空间计量经济学研究领域。如区域科学家 Rietveld 和 Wintershoven（1998）、地理经济学家 Getis（1990），特别是美国的应用经济学家们将空间计量经济学应用到各个领域。如城镇区域经济学（McMillen，1992）、公共经济学（Murdoch et al.，1993）、房地产经济学（Gilley and Pace，1996；Basu and Thibodeau，1998）。更重要的是许多主流计量经济学家开始在其文献中考虑空间问题，如 Lesage（1997）、Kelejian 和 Robinson（1992）、Kelejian 和 Prucha（1999）。他们的加入使得空间计量经济学的研究更加严密与精确，估计量的渐近性开始得到讨论，检验统计量开始标准化。同时广义矩估计也开始被用来估计空间模型（Kelejian and Prucha，1999；Kelejian and Prucha，1998b）。

第二个特征是学者们开始关注各种估计方法的小样本性（通过数据模拟的方式），如 Anselin 和 Rey（1991）、Anselin 和 Florax（1995）、Kelejian 和 Robinson（1998）。并且除标准线性回归模型外，空间效应被引入更多的模型中，如空间 Probit 模型（Case，1992）、地理加权回归模型（Fotheringham，1997；Fotheringham and Brunsdon，1999）。

第三个特征是计算机技术的运用与空间计量软件的兴起。1992年，Anslin 在 SpaceStat 上推出了 NCGIA，使得空间计量回归的估计与设定检验可以在专门的计量软件中实施。之后商业软件包 S+ SpatialStats（Kaluzny et al.，1996）和 Matlab 中空间计量工具箱（LeSage，1999）都开始被广泛使用。与此同时，许多先进的计算技术被用来解决空间计量问题，如高阶空间滞后算子（Anselin and Smirnov，1996）、稀疏矩阵运算及各种似然函数近似运算（Pace and Barry，1997）。这些方法的运用在实践中可解决上万观测值的运算问题。

三、空间计量经济学的成熟阶段

从21世纪初开始，空间统计量和空间计量经济学都已成为主流方法论。这标志着空间计量经济学已进入成熟阶段。在此时期，空间统计量已在犯罪分析、环境经济学、流行病学和公共健康等应用领域中扮演重要的方法论角色，应用空间计量经济学的文献数量呈指数化上升。与此同时涌现出了大量关于空间统计量和空间计量经济学的教科书，许多名校已将空间计量经济学作为一门重要学科列入课程。

一个重要的话题在这一阶段被引入空间计量经济学中（尽管在第二阶段已有学者开始考虑此问题），即各种估计方法的数学基础。Kelejian、Prucha 和 Lee 等学者给出了空间计量经济学中两类重要估计量 MLE 和 GMM 的渐近性质；Lee（2004）证明了 ML 和 QML 估计量的渐近分布；Lee（2007）推导了最优

GMM 估计量；Kelejian 和 Prucha（2010）得到了同时包含空间相关和空间异质模型的 GMM 估计量；Kelejian 和 Prucha（2007）给出了空间异质与空间自相关模型的核估计；Jenish 和 Prucha（2009）给出了一系列适用于空间计量的大数定理和中心极限定理。理论计量经济学家们的这些贡献，为空间计量经济学打下了坚实的理论基础。

与此同时，空间计量模型设定的检验也进入了成熟阶段，各种扩展的 LM 检验可以用于检验模型设定问题，包括函数形式（Baltagi and Li，2001）、不同类型空间误差相关（Anselin，2001）、各种模型选定策略（Mur and Angulo，2006）。

第三节　本章小结

本章首先给出了空间计量经济学的概念，并借助 Anselin（2006）的描述，明确了现代空间计量经济学的四部分组成：模型的设定、估计、诊断和预测。然后，从空间计量经济学的起源出发，回顾了近几十年来空间计量经济学的发展历程，并对空间计量经济学发展各阶段（起步阶段，腾飞阶段和成熟阶段）的基本特征进行了归纳总结。

第三章 空间计量模型的设定与估计

第一节 空间计量模型的设定

空间计量经济学模型已经历过截面数据空间模型、静态空间面板数据模型和动态空间面板数据模型三代。由于目前的研究很少运用截面数据进行分析，因而本部分主要介绍静态空间面板数据模型和动态空间面板数据模型的主要类型。

一、静态空间面板数据模型

空间计量经济学中共有以下几种常用的计量模型[①]，可以用来反映个体间的空间关联及影响：

（一）动态空间滞后模型（spatial lag model）

空间滞后模型（空间自回归模型）是在基本线性回归模型中加入一个空间滞后因变量 $W_n Y_t$ 来体现经济现象的空间相关关系，从而每个地区的因变量值皆由与之存在空间相关地区的因变量值联合确定。该类模型每一时期的表达式为

$$Y_t = \rho W_n Y_t + X_t \boldsymbol{\beta} + U_t \tag{3-1}$$

其中：W_n 是 $n \times n$ 阶的空间加权矩阵，它用来体现 n 个地区之间的相互关系，

[①] Ord（1975）提出了空间滞后模型，Cliff 和 Ord（1981）给出了空间误差模型，Anselin（1988b）进一步给出了广义空间模型。

为了方便计算，在进行实证分析过程中，往往对 W_n 加权矩阵进行标准化处理，即使 W_n 中各行和为1，W_nY_t 为因变量的空间滞后项，ρ 为空间自相关系数，X 为影响 Y 的其他外生因素。对式(3-1)做变换后可进一步写成

$$Y_t = (I_n - \rho W_n)^{-1}X_t\beta + (I_n - \rho W_n)^{-1}U_t \tag{3-2}$$

(二)**空间误差模型**(spatial error model)

空间误差模型是通过误差项来体现经济现象在地区间的空间相关关系，与时间序列相似，误差项的空间相关形式主要有两种基本的表示方式：空间误差移动平均（SMA）和空间误差自相关（SAR）。具体形式如下：

空间误差移动平均模型：

$$\left.\begin{array}{l} Y_t = X_t\beta + U_t \\ U_t = (I_n - \delta M_n)\varepsilon_t \end{array}\right\} \tag{3-3}$$

空间误差自相关模型：

$$\left.\begin{array}{l} Y_t = X_t\beta + U_t \\ U_t = \lambda M_n U_t + \varepsilon_t \end{array}\right\} \tag{3-4}$$

其中，δ，λ 分别是空间误差移动平均和空间误差自相关系数，M_n 是 $n \times n$ 阶的空间加权矩阵，在实证过程中，主要使用的是空间误差自相关模型。

(三)**空间杜宾模型**(spatial durbin model)

空间杜宾模型中同时包含了因变量的空间滞后项 W_nY_t 和自变量的空间滞后项 W_nX_t。因而，空间杜宾模型（SDM）既可以体现出因变量的空间相关性，也可以体现出自变量的空间相关性。具体形式如下：

$$Y_t = \rho W_nY_t + X_t\beta + W_nX_t\theta + U_t \tag{3-5}$$

(四)**广义空间模型**(general spatial model)

广义空间模型同时包括了因变量的空间滞后项 W_nY_t 和空间误差自相关项 M_nU_t，即

$$\left.\begin{array}{l} Y_t = \rho W_nY_t + X_t\beta + U_t \\ U_t = \lambda M_n U_t + \varepsilon_t \end{array}\right\} \tag{3-6}$$

(五)广义嵌套空间模型(general nesting spatial model)

广义空间模型同时包括了因变量的空间滞后项 $W_n Y_t$、自变量的空间滞后项 $W_n X_t$ 和空间误差自相关项 $M_n U_t$,即

$$\left. \begin{array}{l} Y_t = \rho W_n Y_t + X_t \boldsymbol{\beta} + W_n X_t \theta + U_t \\ U_t = \lambda M_n U_t + \boldsymbol{\varepsilon}_t \end{array} \right\} \tag{3-7}$$

上述模型中,广义嵌套空间模型为最一般化的模型;当 $\theta = 0$ 时,模型转换为广义空间模型;当 $\lambda = 0$ 时,模型转换为空间杜宾模型;当 $\theta = \lambda = 0$ 时,模型转换为空间滞后模型;当 $\rho = \lambda = 0$ 时,模型转换为空间误差模型;当 $\rho = \lambda = \theta = 0$ 时,模型转换为普通面板数据模型。

二、动态空间面板数据模型

类似于动态面板数据模型与静态面板数据模型的关系,在静态空间面板数据模型的基础上,进一步考虑因变量的时间相关性(即加入因变量的时间滞后项),可获得动态空间面板数据模型。同样地,常见的动态空间面板数据模型也存在以下几种类型:

(一)动态空间滞后模型(dynamic spatial lag model)

动态空间滞后模型中同时包含了因变量的空间时间项 Y_{t-1} 和因变量的空间滞后项 $W_n Y_t$。该类模型每一时期的表达式为

$$Y_t = \tau Y_{t-1} + \rho W_n Y_t + X_t \boldsymbol{\beta} + U_t \tag{3-8}$$

(二)动态空间误差模型(dynamic spatial error model)

动态空间滞后模型中同时包含了因变量的空间时间项 Y_{t-1} 和空间误差项 $M_n U_t$。具体形式如下:

$$\left. \begin{array}{l} Y_t = \tau Y_{t-1} + X_t \boldsymbol{\beta} + U_t \\ U_t = \lambda M_n U_t + \boldsymbol{\varepsilon}_t \end{array} \right\} \tag{3-9}$$

(三)动态空间杜宾模型(dynamic spatial durbin model)

动态空间杜宾模型中同时包含了因变量的空间时间项 Y_{t-1}、因变量的空间

滞后项 W_nY_t 和自变量的空间滞后项 W_nX_t。具体形式如下：

$$Y_t = \tau Y_{t-1} + \rho W_n Y_t + X_t \boldsymbol{\beta} + W_n X_t \boldsymbol{\theta} + U_t \tag{3-10}$$

（四）动态广义空间模型（dynamic general spatial model）

动态广义空间模型同时包括了因变量的空间时间项 Y_{t-1}、因变量的空间滞后项 W_nY_t 和空间误差自相关项 M_nU_t，即

$$\left.\begin{array}{l} Y_t = \tau Y_{t-1} + \rho W_n Y_t + X_t \boldsymbol{\beta} + U_t \\ U_t = \lambda M_n U_t + \boldsymbol{\varepsilon}_t \end{array}\right\} \tag{3-11}$$

（五）动态广义嵌套空间模型（dynamic general nesting spatial model）

动态广义空间模型同时包括了因变量的空间时间项 Y_{t-1}、因变量的空间滞后项 W_nY_t、自变量的空间滞后项 W_nX_t 和空间误差自相关项 M_nU_t，即

$$\left.\begin{array}{l} Y_t = \tau Y_{t-1} + \rho W_n Y_t + X_t \boldsymbol{\beta} + W_n X_t \boldsymbol{\theta} + U_t \\ U_t = \lambda M_n U_t + \boldsymbol{\varepsilon}_t \end{array}\right\} \tag{3-12}$$

上述模型中，动态广义嵌套空间模型同样为最一般化的模型；当 $\tau = 0$ 时，模型转换为静态广义嵌套空间模型，当 $\tau = \theta = 0$ 时，模型转换为静态广义空间模型；当 $\tau = \lambda = 0$，模型转换为静态空间杜宾模型；当 $\tau = \theta = \lambda = 0$ 时，模型转换为静态空间滞后模型；当 $\tau = \rho = \lambda = 0$ 时，模型转换为静态空间误差模型；当 $\tau = \rho = \lambda = \theta = 0$ 时，模型转换为普通面板数据模型。

第二节　空间计量模型的选取

对于具体的经济现象，哪种空间相关模型的设定方式能更好地体现出它们的空间相关关系，这也一直是空间计量经济学家们考虑的问题。针对最具代表性的空间滞后模型、空间误差模型和广义空间模型，学者们给出了一些具体检验方法。空间计量模型设定的检验方法主要有如下几类，这几类分析方法均基于回归模型的残差，通过检验残差是否存在空间相关来判别模型设定的正确

性。第一类，通过 Moran's I 统计量检验残差的空间自相关（Hordijk，1974；Bartels and Hordijk，1977；Kelejian and Prucha，2001）。第二类，通过极大似然估计检验统计量进行简单检验，如极大似然率和拉格朗日乘子等（Burridge，1980；Anselin，1988a；Anselin，2001）。第三类，联合检验 [如 Baltagi et al.（2003）、Baltagi et al.（2007）、Baltagi and Liu（2008）、Debarsy and Ertur（2010）]。前面两类方法都是基于单个回归模型进行，判断模型设定是否正确，如果拒绝原假设，无法获得关于模型设定的更多有用信息，从而这种检验方法相对来说是"无效的"。最后一类为我们提供了空间计量模型检验与选取的有效方法。

在 Leeh 和 Yu（2010）的研究基础上，Debarsy 和 Ertur（2010）结合 Baltagi 等（2003，2007）的研究，给出了固定效应空间面板数据模型中空间设定的检验方法。Debarsy 和 Ertur 在其文献中提出 5 个不同的假设并对应地分别给出了 LM 检验统计量和 LR 检验统计量。

一、基本假设

（1）$H_0^a: \rho = \lambda = 0$，这是联合假设检验，备择假设为至少有一个空间相关系数不为零。

（2）$H_0^b: \lambda = 0$，这是第一个简单假设检验，备择假设为 λ 不等于零。

（3）$H_0^c: \rho = 0$，这是第二个简单假设检验，备择假设为 ρ 不等于零。

（4）$H_0^d: \rho = 0$，可能有一个不为零的 λ 值，这是第一个条件假设检验，在原假设下，选用空间滞后模型，在备择假设下，选用广义空间模型。

（5）$H_0^e: \lambda = 0$，可能有一个不为零的 ρ 值，这是第二个条件假设检验，在原假设下，选用空间误差模型，在备择假设下，选用广义空间模型。

二、检验统计量

联合检验用来检验模型中是否存在空间相关，如果接受原假设则模型中不存在空间相关问题，从而无须做其他检验。但是如果拒绝原假设，就必须通过两个简单假设来识别哪种空间设定方法更合适用来分析。如果两个简单假设的原假设都被拒绝，则需要利用最后两个条件假设检验，如果接受 H_0^d 就选取空间自相关模型，如果接受 H_0^e 就选取空间误差模型，否则两个都拒绝就选取广义空间模型。下面，我们将分别介绍五个假设检验的 LM 检验统计量和 LR 检验统计量，具体见表3-1。

表3-1　空间计量模型设定选择的五个假设检验及对应统计量

原假设	LM 统计量	LR 统计量
H_0^a	$\mathrm{LM}_J = \tilde{Q}^{-1}\left[T_{22}\tilde{R}_y^2 - 2T_{12}\tilde{R}_v\tilde{R}_y + \left(\tilde{D}+T_{11}\right)\tilde{R}_v^2 \right]$	$\mathrm{LR}_J = n(T-1)\left(\ln\tilde{\sigma}^2 - \ln\hat{\sigma}^2\right) + 2(T-1)\left[\ln\left|S_n(\hat{\lambda})\right| - \ln\left|R_n(\hat{\rho})\right| \right]$
H_0^b	$\mathrm{LM}_\lambda = \dfrac{\sum\limits_{t=1}^{T-1}\left(\tilde{V}_{n,t}^{*\prime}WY_{n,t}^{*}\big/\tilde{\sigma}^2\right)^2}{\tilde{D}+T_{11}}$	$\mathrm{LM}_\lambda = n(T-1)\left(\ln\tilde{\sigma}^2 - \ln\hat{\sigma}^2\right) + 2(T-1)\left[\ln\left|S_n(\hat{\lambda})\right| \right]$
H_0^c	$\mathrm{LM}_\rho = \dfrac{\sum\limits_{t=1}^{T-1}\left(\tilde{V}_{n,t}^{*\prime}WY_{n,t}^{*}\big/\tilde{\sigma}^2\right)^2}{T_{22}}$	$\mathrm{LR}_\rho = n(T-1)\left(\ln\tilde{\sigma}^2 - \ln\hat{\sigma}^2\right) + 2(T-1)\left[\ln\left|R_n(\hat{\rho})\right| \right]$
H_0^d	$\mathrm{LM}_{\rho|\lambda} = \dfrac{\sum\limits_{t=1}^{T-1}\left(\tilde{V}_{n,t}^{*\prime}WY_{n,t}^{*}\big/\tilde{\sigma}^2\right)^2}{T_{22} - \left(\tilde{T}_{\rho\lambda}\right)^2 \times \mathrm{var}\left(\tilde{\lambda}\right)}$	$\mathrm{LR}_{\rho|\lambda} = n(T-1)\left(\ln\tilde{\sigma}^2 - \ln\hat{\sigma}^2\right) + 2(T-1)\left[\ln\left|S_n(\hat{\lambda})\right| + \ln\left|R_n(\hat{\rho})\right| - \ln\left|S_n(\tilde{\lambda})\right| \right]$
H_0^e	$\mathrm{LM}_{\lambda|\rho} = \dfrac{\sum\limits_{t=1}^{T-1}\left(\tilde{V}_{n,t}^{*\prime}(\tilde{\rho})WY_{n,t}^{*}\big/\tilde{\sigma}^2\right)^2}{\tilde{I}_{11} - \tilde{I}_{12}\tilde{I}^{22}\tilde{I}_{21}}$	$\mathrm{LR}_{\lambda|\rho} = n(T-1)\left(\ln\tilde{\sigma}^2 - \ln\hat{\sigma}^2\right) + 2(T-1)\left[\ln\left|S_n(\hat{\lambda})\right| + \ln\left|R_n(\hat{\rho})\right| - \ln\left|R_n(\tilde{\rho})\right| \right]$

其中：$S_n(\lambda) = (I_n - \lambda W_n)$，$R_n(\rho) = (I_n - \rho M_n)$

$$\tilde{I}_{12}' = \begin{bmatrix} \dfrac{1}{\tilde{\sigma}^2}\sum\limits_{t=1}^{T-1}[X_{n,t}^{*\prime}R_n(\tilde{\rho})'R_n(\tilde{\rho})WX_{n,t}^{*}\tilde{\beta}] \\ (T-1)\mathrm{tr}[(MR_n(\tilde{\rho})^{-1})'R_n(\tilde{\rho})WR_n(\tilde{\rho})^{-1} + MWR_n(\tilde{\rho})^{-1}] \\ 0 \end{bmatrix}$$

$$\tilde{I}_{11} = (T-1)\mathrm{tr}(\boldsymbol{W})^2 + \frac{1}{\tilde{\sigma}^2}\sum_{t=1}^{T-1}\left[(\boldsymbol{R}_n(\tilde{\rho})\boldsymbol{WX}_{n,t}^*\tilde{\boldsymbol{\beta}})'(\boldsymbol{R}_n(\tilde{\rho})\boldsymbol{WX}_{n,t}^*\tilde{\boldsymbol{\beta}})\right]$$
$$+ (T-1)\mathrm{tr}\left[(\boldsymbol{R}_n(\tilde{\rho})\boldsymbol{WR}_n(\tilde{\rho})^{-1})'(\boldsymbol{R}_n(\tilde{\rho})\boldsymbol{WR}_n(\tilde{\rho})^{-1})\right]$$

且

$$\tilde{R}_v = \frac{\sum_{t=1}^{T-1}\tilde{V}_{n,t}^{*}{'}\boldsymbol{M}\tilde{V}_{n,t}^*}{\tilde{\sigma}^2}, \quad \tilde{R}_y = \frac{\sum_{t=1}^{T-1}\tilde{V}_{n,t}^{*}{'}\boldsymbol{WY}_{n,t}^*}{\tilde{\sigma}^2}, \quad \tilde{Q} = (\tilde{D}+T_{11})T_{22}-T_{12}^2, \quad \tilde{D} = \tilde{\sigma}^{-2}\sum_{t=1}^{T-1}$$

$(\boldsymbol{WX}_{n,t}^*\tilde{\boldsymbol{\beta}})'M_{X^*}(\boldsymbol{WX}_{n,t}^*\tilde{\boldsymbol{\beta}})$，$T_{11} = (T-1)\mathrm{tr}[(\boldsymbol{W}+\boldsymbol{W}')\boldsymbol{W}]$，$T_{22} = (T-1)\mathrm{tr}[(\boldsymbol{M}+\boldsymbol{M}')\boldsymbol{M}]$，$T_{12} = (T-1)\mathrm{tr}[(\boldsymbol{M}+\boldsymbol{M}')\boldsymbol{W}]$，$M_{X^*} = \boldsymbol{I}_{n(T-1)}-\boldsymbol{X}^*(\boldsymbol{X}^{*}{'}\boldsymbol{X}^*)^{-1}\boldsymbol{X}^{*}{'}$，$\tilde{T}_{\rho\lambda} = (T-1)[\boldsymbol{M}'\boldsymbol{WS}_n(\lambda)^{-1}+\boldsymbol{MWS}_n(\lambda)^{-1}]$，$\tilde{\sigma}^2 = \frac{1}{n(T-1)}\sum_{t=1}^{T-1}\tilde{V}_{n,t}^{*}{'}\tilde{V}_{n,t}^*$ 为受约束模型回归残差的方差，$\hat{\sigma}^2 = \frac{1}{n(T-1)}\sum_{t=1}^{T-1}\hat{V}_{n,t}^{*}{'}\hat{V}_{n,t}^*$ 为无受约束模型回归残差的方差。$\tilde{I}^{22}$是无约束模型参数的方差－协方差矩阵。

第三节　空间计量模型的估计

空间计量模型的估计方法最常用的有两类：极大似然估计（MLE）与广义矩估计（GMM）[①]。Anselin（1988c）与 Elhorst（2003）分别给出了截面数据与面板数据空间自相关模型的空间极大似然估计量（SMLE）；Kelejian 和 Prucha（1999）与 Kapoor 等（2007）分别给出了截面数据与面板数据空间误差自相关模型的 GMM 估计量；Kelejian 和 Prucha（1998a）给出了截面数据广义空间模型的 GS2SLS（广义空间二阶段最小二乘）估计量；Das 等（2003）通过 Monte Carlo 模拟发现截面数据广义空间模型的 GMM 估计量与 ML 估计量在小样本下一样有效；Elhorst（2003）考察了空间面板数据空间滞后模型极大似然估计量的一致性；Fingleton（2008）研究了面板数据广义空间模型（包括一个内生空间滞后项与一

① 具体推导过程，请参见相关文献与本研究后继章节，此处不再一一赘述。

个空间误差移动平均项）GMM 估计量的一致性；Lee 和 Yu（2010）通过数据转换过程考察了空间面板数据空间滞后模型极大似然估计量的一致性。

为了适应动态面板模型的要求，从20世纪90年代开始，动态面板模型的估计方法得到了长足发展。目前主要有三类估计方法可以用，第一类为无条件极大似然估计量（Hsiao et al.，2002）；第二类为校正的工具变量最小二乘（CLSDV）估计量（Bun and Carree，2005）；第三类为目前最常用的基于广义矩估计（GMM）的估计量，包括差分广义矩估计（Arellano and Bond，1991）、正交离差广义矩估计（Arellano and Bover，1995）和系统广义矩估计（Blundell and Bond，1998）。

空间动态面板数据模型（SDPD）的估计方法目前还比较缺乏，对于它的估计往往是结合动态面板模型和空间计量模型的估计方法，许多计量经济学家探讨了这些估计方法的性质。对于动态面板空间自相关模型（SDLPM），Elhorst（2005）建议对差分后的模型采用无条件极大似然估计法（SMLE），Yu 等（2008）、Lee 和 Yu（2010a）通过去均值模型的中心化似然函数，探讨了动态空间极大似然估计法（DSMLE），SMLE 与 DSMLE 的主要区别在于渐近结构的不同，SMLE 考虑的是 T 固定，N 趋向无穷大时，而 DSMLE 考虑的是 N 和 T 同时趋向无穷大时的情形，从而去除个体效应的方法也不一样，SMLE 通过差分消除个体效应，而 DSMLE 通过去均值消除个体效应。。而对于面板动态广义空间模型（SDGPM）；Jacobs 和 Ligthart（2009）讨论了 SCAB 估计量（spatially corrected arellano-bond estimator）和 SCBB 估计量（spatially corrected blundell-bond estimator）有限样本性质，结果表明 SCAB 估计量、SCBB 估计量比 SAB 估计量、SBB 估计量有更好的小样本性质。

第四节　本章小结

本章首先介绍了静态空间面板数据模型和动态空间面板数据模型的主要类型及关系。然后，基于 Debarsy 和 Ertur (2010)给出了空间计量模型选取的基本假设并对应地分别给出了 LM 检验统计量和 LR 检验统计量。最后，简单回顾了空间计量模型的两类常用估计方法：极大似然估计与广义矩估计。

第二篇

次贷危机前
区域房价的空间联动

第四章　基于空间自相关检验的区域房价联动初探

房地产的特殊性质决定了各地区房地产价格存在异质性，但房地产的另一些特性使房地产价格很可能存在空间相关性（事实上各地区的房地产价格也体现了这一点），那么在对房地产价格进行分析之前，其空间相关的存在性检验也就显得十分重要。如果各地区房地产价格存在相关性，而在分析时忽略了这一性质，其分析结果很可能是有偏差的。

第一节　区域房价空间联动文献概述

20世纪80年代起，许多学者从理论方面和实证方面验证了房地产价格的区域互动关系，理论方面主要探讨区域房价的"波纹效应"理论及产生机制，实证研究的核心内容是研究区域房价的趋同性（协整检验）与区域房价互动关系的成因（因果关系检验）。

"波纹效应"（ripple effect）指出房地产价格在空间上的传递会呈现出某种规律性，一些地区房地产价格的变动会如同水中波纹一样引起周边地区房价依次产生变动。当然这只是一种区域房价互动关系，表现在空间连续性上。Meen（1996）和Wood（2003）根据已有文献，将产生"波纹效应"的具体原因分为五类：

(1)家庭迁移。当住房价格在地区间存在差异时，居住于高房价地区的家庭有向低房价地区搬迁的倾向(比如说个人偏好、生活环境、市场变量等原因)，这将增加低房价地区的住房需求，导致低房价地区房价的上涨，形成了房价的"波纹效应"。

(2)交易和搜寻成本。一般来说，住房交易成本会影响房地产市场的需求，不同地区房地产市场发展水平不同，房屋交易成本也各不相同，这将导致在同一时期不同地区住房价格反应速度与强度也不完全一致。此外，理论上住房搜寻模型(无论卖方搜寻还是买方搜寻)都表明，房价的离散程度及住房市场的单次搜寻成本都是影响房屋最终交易价格的重要因素。房屋价格的离散程度和房地产市场的单次搜寻成本会在住房搜寻过程中发生变化，并且在同时期交易价格将被确定，从而交易和搜寻成本也将引起房价的"波纹效应"。

(3)资产转移。在家庭搬迁前，需要为其新购住房支付一定比例的首付款，而对已拥有住房的家庭来说，首付款资金的一个重要来源是现有房屋的价值。当一个地区的住房价格上升时，该地区迁出的购房者会因为其住房价值的增加而拥有更强的购买能力，从而推高迁入地区的住房价格。

(4)空间套利。由于住房市场的市场摩擦、房屋交易的高交易成本及信息不对称等原因，导致区域住房市场为非有效市场。住房市场的非有效性，为投资者和投机者通过不同地区间倒卖房屋获取无风险利润提供了机会。这种空间套利行为会促使低房价地区的房价向高房价地区靠拢，引发"波纹效应"。

(5)影响区域房价因素的领先或滞后关系。即使地区房价在空间单位之间是相互独立的，但由于各地经济发展水平、土地价格等其他影响房价因素的差异，也会导致住房价格产生"波纹效应"。

实证过程中最初用的方法为协整关系检验和格兰杰因果关系检验。

MacDonald 和 Taylor (1993)通过单位根检验、双变量的 Engle-Granger 协整检验和多变量的 Johnson 协整检验分析了英国 1969—1987 年(实证过程中使用的是季度数据) 各地区房价的互动关系。协整检验的实证结果显示11个被研究的地区中存在9个协整关系，这表明英国的住房价格(除北爱尔兰地区外) 存在共同的长期趋势，各地区房价不太可能出现系统性差异。Alexander 和Barrow (1994) 则认为 MacDonald 和 Taylor (1993) 高估了英国房价的这种长期趋势，他们在11个地区1968—1993 年的季度数据基础上，应用同样的协整检验方法却发现被研究地区只有3~5个协整关系，并指出造成分析结果不同的原因可能是前者引入了过长的时间滞后。Munro 和 Tu (1996) 通过两步法 Engle-Granger 协整分析了1970—2003 年英国各地区的房价。研究结果表明，尽管苏格兰、北爱尔兰和威尔士的房屋价格与英国其他地区房屋价格表现出相对独立性，但是总体而言仍然存在 "波纹效应"。Cook (2003) 指出 "波纹效应" 假说意味着英国各区域的房地产价格在长期来说应该是趋同的，然而，尽管许多学者认为存在着这样一个基本的性质，但缺乏统计证据支持这一说法。与以往学者的研究不同，Cook 通过另一种方式即区域房价的比率，来检测英国各地房价的趋同性。研究结果表明，以往许多研究之所以没有发现房价的趋同性，是因为在调整的过程中忽略了潜在的非不对称。有趣的是，地区之间的不对称性检测的形式各不相同，虽然东南地区的房地产价格在房价下降的过程中更快地收敛，但其他地区在房地产价格上涨时，表现出更多的快速收敛。Smyth 和 Nandha (2003) 通过协整检验发现，尽管澳大利亚东南部地区和东部沿海地带房价存在异质性，但各主要省会城市之间存在一些长期均衡关系。Holmes (2007) 运用单变量单位根检验、面板数据单位根检验和似无关模型 (SUR) 等方法探讨了1973—2005 年间英国各主要地区房价的相关关系，发现只有中部地区的西部、威尔士和西北部这三个地区的住房价格与英国其他地区的住房价格之间不存在长期均质协整关系。Holmes 和 Grimes (2008) 针对学者们对英国区域房价是否存在共同长期趋势的争议，提出了新的研究方法分析英国房价的区域相关性，这些方法包括单位根检验和主成分分析。在实证过程中，他们以英国1973—2006 年的房价数据为样本，首先考虑了区域房价的差异性，然后通过主成分分析分离出主要因素。实证结果表明，在保持房价第一主成分不变情况下，英国各地区住房价格表现出单一的长期均衡趋势。Larraz-Iribas 和 Alfaro-Navarro（2008）使用变量的协整技术探讨了西班牙的房价，侧重分析了各地区房价随时间变化的长期趋势，协整检验结果表明，具有物理接近和相似经济特征的地区房价更为相似。Clark 和 Coggin（2009）运用美国联邦住房企业监督办公室收集的美国1975年第一季度至2005年第三季度数据，首先通过结构时间序列模型分析了9个地区房价和两个超级因子，然后利用单位根检验检验了9个地区房价和两个超级因子的相对、绝对收敛性。研究结果表明，允许可能的结构突变后，各地区房价有一个共同的增长路径。Gupta 和 Miller（2009b）通过美国加利福尼亚南部八个大都市区的房价指数，发现八个地区之间存在七个协整关系，即表明这八个地区的房价之间存在一个共同趋势。Holmes 等（2011）在研究中利用 Pesaran（2007）和 Pesaran 等（2009）所倡导的新的计量方法来分析美国各州之间房价的长期趋同性。实证过程中，通过各州房价拒绝单位根的百分比检验收敛性，并运用 "Bootstrap" 找到合适的置信区间。研究结果表明，房价长期均衡调整速度与距离成反比。Chian（2009）在现有对中国台湾地区房价互动关系的研究基础上，运用两阶段 LM 单位根检验分析了中国台湾地区房地产价格的互动关系。结果表明，中国台湾地区住房价格存在两次结构突变，但除台北以外其他城市之间存在 "波纹效应"。王松涛等（2008）在回顾了国外关于房价区域相关的 "波纹效应" 理论后，应用 Johansen 协整关系检验我国主要城市房价的趋同性。研究结果表明，我国各主要城市房价尽管在短期内存在比较大差异，但长期来看，由于空间套利行为等原因，我国各城市间房价运行存在稳定关系。黄飞雪等（2009）应用 Engle-Granger 协整关系检验我国副省级以上城市房价的趋同性。协整检验结果表明，大部分城市之间存在长期稳定均衡关系。当然也有学者对房地产价格的 "波纹效应" 提出了质疑。如 Drake（1995）在观察到英国各地区房价增长的差异和20世纪80年代至90年代英国大部分地区房价出现的前所未有的下降后，利用卡尔曼滤波和变异系数法分析了英国各地区房价的趋同性。研究结果表明，英国各地区房价存在系统性差异，北部地区与苏格兰地区房价的差异比东南部地区与中部地区房价的差异更大。

许多学者在协整检验的基础上对存在协整关系的地区进行因果检验。格兰杰因果关系检验通过检验一个地区的房价变化是否是另一个地区房价变化的原因来研究房价的互动关系。

Alexander 和 Barrow（1994）通过格兰杰因果关系检验对存在协整关系的各地区住房价格进行分析，发现共有6对地区之间的房价存在因果关系，并且英国东南部地区的住房价格首先变动，通过中东部地区传导给北部地区。Tu（2000）分析了1989年至1998年澳大利亚各地区房价的互动关系，格兰杰因果关系检验结果表明澳大利亚房价存在着始于布里斯班市、终于墨尔本市的空间扩散途径。Berg 和 Economics（2002）利用瑞典1981—1997年的月度房价指数分析了七个地区(包含了人口稀缺地区，大、中、小城市和工业城市)二手房市场房价的差异性和因果相关性。其格兰杰因果检验结果显示，斯德哥尔摩地区住房价格的变动是其他地区住房价格变动的格兰杰原因。Smyth 和 Nandha（2003）根据澳大利亚1986年第二季度到2001年第二季度的房价数据，发现澳大利亚各州首府之间房地产价格存在因果关系，具体为墨尔本和阿德莱德的房价变动是堪培拉房价变动的格兰杰原因，珀斯和悉尼的房价变动是布里斯班房价变动的格兰杰原因。Wood（2003）为了分析英国房价的互动关系，对其11个地区的住房价格进行了格兰杰因果关系检验，研究结果表明20世纪70—80年代英国各地区住房价格存在较强的格兰杰因果关系，但1994年后这种关系在减弱，且东南部地区住房价格对英国住房价格的影响力也在减弱。Oikarinen（2004）在总结已有实证研究结果的基础上，认为由于地区间结构性差异和经济依赖关系等因素会使中心地区的房价变化领先于周边地区的房价，即存在"领先 – 滞后"关系，作者以芬兰住房市场1987—2004年的季度数据为样本进行实证分析。结果发现芬兰住房市场的房价首先从赫尔辛基都市区(主要的经济中心)发生变化，然后向其他地区中心及周边地带传递。但是赫尔辛基都市郊区住房价格的变化是该地区市中心住房价格变化的格兰杰原因。Gupta 和 Miller（2009a）通过1978年第一季度到2008年第一季度的数据分析了拉斯维加斯、洛杉矶、菲尼克斯三个地区住房价格的格兰杰因果关系。研究结果表明，洛杉矶地区住房价格是拉斯维加斯地区住房价格的直接格兰杰原因，拉斯维加斯地区住房价格是菲尼克斯地区住房价格的直接格兰杰原因，洛杉矶地区住房价格是菲尼克斯地区住房价格的间接格兰杰原因，而反过来不存在这种因果关系，从而作者得出洛杉矶地区房价是外在变量的结论。Gupta 和 Miller（2009b）用相似的方法考察了美国南部地区八个都市的房价，发现圣安娜地区房价领先于除了圣路易斯地区外的其他六个地区的房价。

　　近年来，学者们也开始利用格兰杰因果关系检验来研究我国房价区域互动关系。Ho 等（2008）认为住房市场的冲击在住房市场内部通过不同质量层次住房传递，其结果是房价会随交易量的变化而变化。他利用中国香港地区1987—2004年间数据，通过格兰杰因果检验发现，住房政策变化会使住房价格变化从低层次单元开始向高层次单元扩散。王松涛等（2008）应用多变量格兰杰因果关系检验及广义脉冲响应函数方法，通过1997年第四季度到2007年第一季度我国35个主要城市的房价指数，分析了我国5个主要区域市场的城市房价。多变量因果格兰杰关系检验结果显示，北京和大连房价是北部沿海地区其他城市房价的格兰杰原因，上海和宁波房价是中部沿海地区其他城市房价的格兰杰原因，深圳和厦门房价是南部沿海地区城市房价的格兰杰原因，郑州和武汉房价是中部地区其他城市房价的格兰杰原因，西安和重庆房价是西部地区其他城市房价的格兰杰原因。黄飞雪等（2009）以1999年第一季度至2008年第三季度间我国19主要城市（副省级以上城市）房屋销售价格为样本，综合运用单位根检验、协整检验、向量误差修正模型（ECM）及广义脉冲响应函数探讨了其互动情况。研究结果表明，北京、上海、天津等直辖市的住房价格对其他城市房价有强大影响力，是政府主要的调控对象，且北京与上海房价相对独立；

沈阳，南京等城市住房价格也对其他城市房价具有一定辐射作用，理应受到关注；青岛住房价格是所研究的19年城市中最为活跃的，对其房价进行调控将有利于房价的长期稳定。陈章喜和黄准(2010)从珠三角地区的现实基础经济一体化、政策制度环境一体化、地缘关系和交通设施一体化等现实基础出发，运用格兰杰因果检验及方差分解等分析方法，研究了珠三角代表性城市广州、东莞和深圳1990—2008年间房地产价格长期趋势及相互关联程度。格兰杰因果检验结果显示，珠三角这三个代表性城市间的房地产价变动有共同趋势；深圳房价是广州和东莞房价的单向格兰杰原因，而广州与东莞房价互为格兰杰原因。方差分解结果显示，深圳房价不仅存在自身的"积累效应"，还有强大的"溢出效应"，即对广州和东莞房价有较大的影响。钟威(2010)选择珠三角座9座城市作为研究对象，从城市住宅市场空间异系数、房价领先滞后因素等方面分析了"极点"城市，以及"极点"城市之间住宅价格传导机理。研究结果表明，珠三角9个"极点"城市的房价都存在着较短的价格周期(12个月以内)，广州、珠海和深圳三个城市的房价变化领先于其他城市。单个城市内部房价具有长期稳定关系，城市内部"核心城区"(如广州的越秀区、海珠区)房价的变化领先于其他城区房价的变化。总体看，珠三角城市房价符合由中心地带领先其他区域一般性规律；长期看，城市之间和城市内部房价市场之间彼此融合(即存在明显的价格趋同现象)，各子市场房价的变化均受其他区域房价变化的影响，同时由于各子市场在空间上的结构差异，各子市场之间也存在着空间异质性，而这种差异性引起了房价的传递现象，如"广州—佛山—肇庆""深圳—东莞—惠州"。

格兰杰因果关系检验在检验一个核心地区(或核心城市)房价冲击如何传导给周边地区(或城市)时，能较好地发现其传导机制，但格兰杰因果关系检验中无法引入其他解释变量，从而不能全面体现出房价的所有特征。且在进行多个同等层面地区(或城市)的格兰杰因果关系检验时往往会表现出互为因果关系，此时用回归模型方法能更好地解释房价的区域互动关系。因而需要对房地产价格的空间自相关进行测度。Cliff 和 Ord（1970）描述了空间自相关的定义并给出了两个度量全局空间自相关的指标：Moran's I 统计量和 Gearcy'C 统计量，后继学者主要通过 Moran's I 统计量来描述全局空间自相关，如：Wilhelmsson（2002）、Le Gallo 和 Ertur（2003）。但全局空间自相关指标只给出一个结果并会出现负值(即非典型地区)，且无法判断这些非典型地区的显著性。Anselin(1995) 给出了局部空间自相关指标 LISA 指数。

第二节　实证模型

空间自相关是指一个经济区域中的某种经济现象或某一属性值总是与其相邻经济区域中的相应经济现象或属性值相关。它不是指经济现象表现出时间上的相关，而是在空间上各单位之间存在某种程度的相关，这种相关性与时间上的相关存在本质区别。空间自相关的检验主要是度量其全局空间自相关、局部空间自相关。

在实证过程中，通过 Moran's I 检验统计量(全局空间自相关指标)、Moran 散点图和 LISA 检验统计量[1](局部空间自相关指标，将其可视化可得 LISA 聚集图)可以测度出经济现象空间自相关程度[2]。

一、全局空间自相关

Moran's I 统计量是用来度量全局空间自相关的主要统计指标，最早由 Moran(1950)提出。经过 Cliff(1973)、Cliff 和 Ord(1981)、Upton 和 Fingleton(1985)、

---

[1] 如 Wilhelmsson（2002）、Le Gallo 和 Ertur（2003）、张晓旭和冯宗宪（2008）、李婧等（2010）、钱晓烨等（2010）、任英华等（2010）都运用这些指标分析了一些经济现象的空间相关性。

[2] 其他学者也给出了一些度量局部空间自相关的指标，如 Getis 和 Ord（1992）、Ord 和 Getis（1995）、Ord 和 Getis（2001），但这些指标应用不广泛。

Haining（1993）发展与性质推导，对任一时期，其计算公式为：

$$I_t = \frac{n}{S_0} \frac{x_t' W x_t}{x_t' x_t} \qquad (4\text{-}1)$$

其中：x_t 为第 t 个时期 n 个地区观测值的离差向量 $X_t - \overline{X_t}$，W 为空间加权矩阵，具体取值可见加权矩阵部分，$S_0 = \sum_{i=1}^{n} \sum_{j=1}^{n} w_{ij}$ 为空间加权矩阵中各个元素的和。为了计算和分析的方便，一般会将空间加权矩阵 W 标准化（使其每一行所有元素 w_{ij} 的和等于1）。对于标准化后的矩阵有，$S_0 = n$，从而式（4-1）可以简写为：

$$I_t = \frac{x_t' W x_t}{x_t' x_t} \qquad (4\text{-}2)$$

由式（4-2）可知，Moran's I 的值可由 x_t 对 $W x_t$ 做线性回归的回归系数得到。I_t 的取值将介于 -1 到1之间，$I_t > 0$ 表示存在正的空间相关，经济现象呈聚合分布；$I_t < 0$ 表示存在负的空间相关，经济现象呈离散分布；$I_t = 0$ 则表示不存在空间相关，经济现象呈随机分布，且 I_t 绝对值越大表示经济现象的空间相关程度越强。由于 I_t 是根据我们的样本数据计算得出的，所以有必要对其进行统计检验，检验其显著性。

二、局部空间自相关

Moran's I 统计量能测度出经济现象各地区间的观测值是否存在空间上的集聚，但是，Moran's I 统计量作为一个全局空间自相关指标，它不能反映出经济现象的集聚特征。此时，需要考虑局部空间自相关，具体有两种分析工具。第一，Moran 散点图，可以用来可视化经济现象的集聚特征与局部空间不稳定性；第二，局部空间相关指数（LISA），通过比较设定地区与相邻地区的值来检验数据的随机相关分布假设。

（一）Moran 散点图

经济现象的集聚特征可以通过 Moran 散点图来研究（Anselin，1996）。Moran 散点图中横坐标为观测值（每个地区的）的离差，纵坐标为相关地区观测值离差平均值(即空间滞后值),权重由空间加权矩阵决定,四个象限分别表示不同的四种局部空间相关关系。第一象限为 H-H(High-High)型地区,本身和其相关地区观测值都较大的地区位于该象限;第二象限为 L-H 型(Low-High)地区,本身有较小观测值,但其相关地区观测值较大的地区位于该象限;第三象限为 L-L 型(Low-Low)地区,本身和其相关地区观测值都较小的地区位于该象限;第四象限为 H-L 型(High-Low)地区,本身观测值较大,但其相关地区观测值较小的地区位于该象限。H-H 型地区和 L-L 型地区表示经济现象在地区间呈现空间集聚,L-H 型地区和 H-L 型地区表示经济现象在地区间呈空间离散。将 Moran's I 统计量与 Moran 散点图相比较(在 Moran 散点图中可得到样本回归线,而样本回归线的斜率就是 Moran's I 统计量的值),我们可以找出那些非典型观测值(与全局空间相关性质相反)的地区,如果全局空间自相关指标为正,则位于 H-L 和 L-H 象限的地区具有与全局空间自相关性质相反的局部相关性质,因此位于该象限的地区是具有非典型观测值的地区。

(二) LISA 指数

Moran 散点图给出了某个地区与其相关地区的相关特征,但不能体现出显著性,为此 Anselin (1995)定义了局部空间联系指数 LISA 来体现空间聚集的存在性并检验其显著性,计算公式如下:

$$I_{i,t} = \frac{X_{i,t} - \overline{X}_t}{m_0} \sum_j w_{i,j} (X_{j,t} - \overline{X}_t) \tag{4-3}$$

其中:$m_0 = \dfrac{\sum\limits_i (X_{i,t} - \overline{X}_t)^2}{n}$,$X_{i,t}$ 是第 i 地区在时期 t 的观测值,$\overline{X}_t$ 是所有地区在时期 t 观测值的平均数,j 的取法使 $I_{i,t}$ 中仅包含那些具有相关关系地区的观测值。

将所有的局部空间相关指标 $I_{i,t}$ 求和可得:

$$\sum_i I_{i,t} = \frac{1}{m_0} \sum_i (X_{i,t} - \overline{X}_t) \sum_j w_{i,j} (X_{j,t} - \overline{X}_t) \tag{4-4}$$

由式(4-4)可知，局部空间相关指标的和与 Moran's I 统计量成比例关系，具体如下：

$$I_t = \frac{\sum_i I_{i,t}}{S_0} \qquad (4-5)$$

对于标准化后的矩阵，有 $S_0 = n$，从而 $I_t = \frac{1}{n}\sum_i I_{i,t}$，这显示全局 Moran's I 统计量为局部空间相关指标的平均值。当 $I_{i,t}$ 为正时，表示相似值聚集，而 $I_{i,t}$ 为负时，表示不相似值聚集。$I_{i,t}$ 取值与 I_t 取值相反时，该地区就是非典型地区。

结合 Moran 散点图与 LISA 指标及其显著性可以将所有地区分成五个部分（H-H 型地区、L-H 型地区、L-L 型地区、H-L 型地区及不存在显著空间聚集的地区）并可以得到 LISA 聚集图，该图能同时体现出各地区在 Moran 散点图中所处的位置以及各地区 LISA 指标的显著性。

三、加权矩阵

在每一年的截面数据下，空间加权矩阵[①]W_n 为一个 $n \times n$ 的对称矩阵，其对角线上的元素一般为 0，而其他位置上的元素 w_{ij} 表明地区 i 与地区 j 之间的空间位置关系，其权数的设定一般有两种规则：地理位置规则[②]与空间距离规则[③]。

地理位置规则认为只有地理位置上接壤的地区之间才存在空间依赖，$w_{i,j} = 1$ 表示两个地区在地理位置上接壤，$w_{i,j} = 0$ 表示两个地区在地理位置上不接壤，然后对矩阵进行标准化处理得到空间加权矩阵，这种方法比较简单、直观。

空间距离规则认为两个地区之间的影响程度与两个地区之间的距离有关，

[①] 关于空间加权矩阵 W 理论上有 3 个假说：为了排除参数化的可能，矩阵 W 中所有元素 $w_{i,j}$ 为具体的已知常数；矩阵 W 对角线上的元素全部设定为 0，表明没有一个地区与自己在空间上相关；矩阵 W 特征根可以被精确计算出来，这主要是在估计过程中使用。

[②] 如符淼（2008）、吴玉鸣等（2008）。

[③] 如 Keller（2002）、Tiiu 和 Friso（2006）、符淼（2009）。

距离既可以用地理距离表示也可以用经济距离表示。地理距离规则的主要思想是根据两个地区省会(首府)之间的距离或地理位置中心点之间的距离 $d_{i,j}$ 来确定相互之间的影响程度，距离的度量可以是根据两地区经、纬度计算出来的距离，还可以是两地区的交通距离，而权数一般选用距离的倒数($w_{i,j} = 1/d_{i,j}$)或距离平方的倒数(也有的学者选用有限距离权数[1]、负指数距离权数[2])。经济距离规则的主要思想是认为两个地区间的相互影响程度与它们的某一或若干经济变量的差异有关系，这些经济变量往往选取人均收入、对外贸易额等。

本章分析中我们使用地理位置规则[3]。根据地理位置规则可得地理位置加权矩阵，即当两个地区接壤时 $w_{i,j} = 1$，两个地区不接壤时 $w_{i,j} = 0$，并标准化。为了避免"单个岛屿效应"，设定海南省与广东省、广西壮族自治区有共同边界。

第三节　实证结果与分析

为了分析我国1999—2009年间各地区房价的空间相关性，从各年《中国统计年鉴》中选用我国31个省、直辖市、自治区商品房平均销售价格作为房价指标。

一、房价的 Moran's I 值

利用 GeoDa 软件包可以计算我国31个省、直辖市、自治区商品房平均销售价格的全局空间自相关(Moran's I 值)并检验其显著性。表4-1给出了地理位置加权矩阵下，1999年至2009年间我国商品房平均销售价格的 Moran's I 值及

---

① 有限距离权数用 d_{imax} 表示两个地区之间可相互影响的最大距离，对于第 i 个地区，若 $d_{i,j} < d_{imax}$，则 $w_{i,j} = 1$，否则 $w_{i,j} = 0$。

② 负指数权数主要是根据 $w_{i,j} = \exp(-\beta d_{i,j})$，其中 $d_{i,j}$ 表示两个区域 (并不一定要相邻) 之间的欧氏距离，参数 β 需预先设定。

③ 空间距离规则下，我们可以得到类似的结果，从而此处未将其显示出来。

P 值。从表4-1可以看出，在5%的显著性水平下，除了2002年以外，我国各地区商品房销售价格表现为正的空间自相关，这显示我国商品房销售价格的分布呈现了空间上的聚集，即较高房价地区的周边地区房价也较高，而较低房价地区的周边地区房价也较低。进一步比较发现，虽然1999—2002年，Moran's I 值的显著性不是很明显，即商品房平均销售价格的空间聚集现象不是很明显，但2002年以后，我国商品房平均销售价格的 Moran's I 值在数值上随时间推移而增大，具体也可见图4-1，这说明我国商品房平均销售价格的空间自相关强度在不断加强，即区域间房价的相互影响越来越大。这与我国房价市场的市场化不断完善、信息技术的快速发展以及轨道交通的高度发达是分不开的。

表4-1 商品房销售价格的 Moran's I 值

年份	Moran's I	P 值
1999	0.144 0	0.047 5
2000	0.174 0	0.036 7
2001	0.154 5	0.049 9
2002	0.126 5	0.079 9
2003	0.210 6	0.024 9
2004	0.239 7	0.015 9
2005	0.315 6	0.005 3
2006	0.337 2	0.004 4
2007	0.306 1	0.004 9
2008	0.289 1	0.004 6
2009	0.316 3	0.005

二、房价的 Moran 散点图

尽管上面的 Moran's I 统计量显示我国房地产价格存在空间集聚，但不能显示我国房地产价格的空间集聚特征，即空间相关的相关结构。为了得到我国房地产价格的局部空间相关特征，我们首先使用 Moran 散点图。

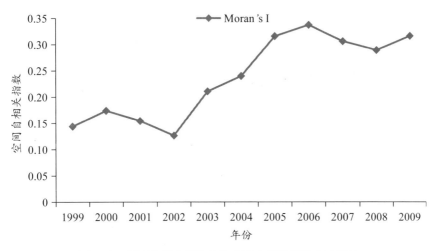

图4-1 我国商品房销售价格空间自相关指数变动趋势

图4-2和图4-3给出了1999年和2009年我国商品房平均销售价格的Moran散点图。从图4-2和图4-3可以看出，1999年位于H-H型地区的有北京、上海、天津、浙江、福建和海南，位于H-L型地区的有广东和辽宁，位于L-H型地区有江苏、河北、广西与江西，其他皆位于L-L型地区，具体可见表4-2。

表4-2 我国房价1999年各省际的空间相关模型

	空间相关模式	地区
第1象限	H-H	北京、上海、天津、浙江、福建、海南
第2象限	L-H	江苏、河北、广西、江西
第3象限	L-L	湖南、重庆、四川、贵州、山西、内蒙古、吉林、黑龙江、安徽、山东、河南、湖北、云南、陕西、甘肃、青海、宁夏、西藏、新疆
第4象限	H-L	广东、辽宁

2009年位于H-H型地区的有北京、上海、天津、浙江、福建、江苏和海南，位于H-L型地区的有广东和辽宁，位于L-H型地区有河北与江西，其他地区皆位于L-L型地区，具体可见表4-3。

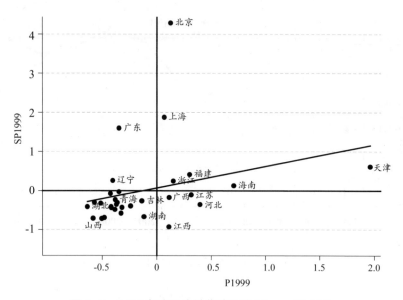

图4-2　1999年商品房销售价格的 Moran 散点图

资料来源：图中数据来源于《中国统计年鉴2000》。

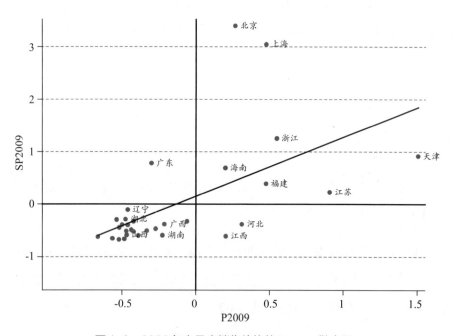

图4-3　2009年商品房销售价格的 Moran 散点图

资料来源：图中数据来源于《中国统计年鉴2010》。

表4-3　我国房价2009年各省际的空间相关模型

	空间相关模式	地区
第1象限	H-H	北京、上海、天津、浙江、福建、江苏、海南
第2象限	L-H	河北、江西
第3象限	L-L	山东、河南、湖北、湖南、重庆、山西、内蒙古、广西、吉林、黑龙江、安徽、四川、贵州、陕西、甘肃、青海、宁夏、新疆、云南、西藏、辽宁
第4象限	H-L	广东

通过观察这些地区发现，位于 H-H 型地区的省(区、市)都来自我国东部地区，除了1999年的江西，中、西部地区皆位于 L-L 型地区，并且从1999年到2009年，位于 Moran 散点图各象限的地区基本上没有变化。位于 L-H 型、H-L 型的地区被认为是具有非典型观测值的地区。

三、房价的 LISA 指数

根据 Moran 散点图可以看出各年份房价的集聚特征，但是 Moran 散点图不能显示其显著性，从而也不能判断是否存在真正的非典型地区。我们进一步计算了局部 Moran 指数(LISA 指数)，具体见表4-4至表4-5。

表4-4　1999年各地区房价的局部 Moran 指数

省区市	局部 Moran 指数	对应 P 值	省区市	局部 Moran 指数	对应 P 值
浙江	0.037	0.318	黑龙江	0.034	0.214
云南	0.012	0.198	河南	0.359	0.008
新疆	0.112	0.268	北京市	0.547	0.168
西藏	0.094	0.350	天津市	1.202	0.040
四川	0.132	0.082	海南	0.088	0.142
陕西	0.333	0.002	贵州	0.136	0.248
山西	0.414	0.004	广西	−0.021	0.296
山东	0.152	0.148	甘肃	0.182	0.080

续表

省区市	局部 Moran 指数	对应 P 值	省区市	局部 Moran 指数	对应 P 值
青海	0.090	0.152	福建	0.124	0.208
宁夏	0.172	0.030	安徽	0.185	0.104
内蒙古	0.187	0.116	上海	0.128	0.214
辽宁	−0.102	0.222	重庆	0.170	0.034
江西	−0.105	0.354	江苏	−0.034	0.220
吉林	0.036	0.446	广东	−0.546	0.278
湖南	0.077	0.444	河北	−0.142	0.156
湖北	0.265	0.002			

　　由表4-4可知，1999年局部 Moran 指数为负的地区是辽宁省、江西省、广西壮族自治区、江苏省、广东省和河北省，表明1999年这些省(区、市)房价与周边地区房价存在较大差异，但从 P 值来看，都不显著。Moran 指数显著(在5%水平下)为正的地区是陕西省、山西省、宁夏回族自治区、湖北省、河南省、天津市和重庆市，表明1999年这些省(区、市)房价与周边地区房价存在差异较小。

表4-5　2009年各地区房价的局部 Moran 指数

省区市	局部 Moran 指数	对应 P 值	省区市	局部 Moran 指数	对应 P 值
浙江	0.684	0.090	黑龙江	0.197	0.204
云南	0.238	0.124	河南	0.229	0.138
新疆	0.414	0.002	北京市	0.896	0.162
西藏	0.352	0.042	天津市	1.375	0.050
四川	0.159	0.008	海南	0.136	0.260
陕西	0.185	0.028	贵州	0.221	0.146
山西	0.275	0.116	广西	0.082	0.388
山东	0.081	0.346	甘肃	0.323	0.024

省区市	局部 Moran 指数	对应 P 值	省区市	局部 Moran 指数	对应 P 值
青海	0.370	0.010	福建	0.185	0.250
宁夏	0.233	0.102	安徽	0.017	0.486
内蒙古	0.215	0.048	上海	2.261	0.090
辽宁	0.051	0.202	重庆	0.136	0.154
江西	−0.122	0.288	江苏	0.212	0.044
吉林	0.169	0.346	广东	−0.234	0.370
湖南	0.134	0.312	河北	−0.123	0.204
湖北	0.138	0.062			

由表4-5可知，2009年局部 Moran 指数为负的地区是江西省、广东省和河北省，表明2009年这些省份房价与周边地区房价存在较大差异，但从 P 值来看，都不显著。Moran 指数显著(在5%水平下)为正的地区是天津市、陕西省、四川省、内蒙古自治区、湖北省和甘肃省，表明2009年这些省(区、市)房价与周边地区房价存在差异较小。

从表4-1至表4-5及图4-1至图4-3可发现，我国各地区间的房价存在空间自相关，这种空间自相关在2002年以后不断加强且不存在真正意义上的非典型地区。从而在分析我国房价时，考虑其自身的空间相关因素是十分必要的。

第四节　本章小结

为了检验各地区房地产价格的空间相关性，本章首先介绍了检验空间相关的两种常用方法：全局自相关指标(Moran's I 统计量)与局部空间自相关指标(LISA 指标)。Moran's I 统计量可以测度出相近地区的观察值之间是否在空间上的相关关系，但是 Moran's I 统计量作为一个全局空间自相关指标，它不能反映出经济现象的集聚特征，而通过 Moran 散点图和 LISA 聚集图可以清楚地显示经济现象的空间聚集特征。利用 1999 年至 2009 年间我国商品房平均销售价格数据进行实证检验发现，除了 2002 年以外，我国各地区商品房销售价格表现为显著正的空间自相关，且 Moran's I 值在数值上随时间的推移而增大。这些都说明我国各地区间房地产价格存在明显的空间相关关系，从而在对我国房地产价格进行分析时需要将空间相关因素考虑进去，这为本研究的后继分析提供了基础。

第五章 基于广义空间面板模型的区域房价影响因素分析

我国房地产业已成为国民经济建设中不可缺少的重要组成部分，2003年8月底印发的《国务院关于促进房地产市场持续健康发展的通知》中明确指出"房地产业关联度高、带动力强，已成为国民经济的支柱产业"，在此背景下，对房地产价格的研究显得十分重要。对房地价格的研究，国内学者主要集中在房地产价格的泡沫问题和房地产价格的异质性问题，如梁云芳和高铁梅(2007)，王鹤和周少军(2011)。但房地产价格的异质性只体现了房地产产品部分特征，家庭迁移、财富转移和空间套利等其他特征会使得房地产价格具有空间联系，而这方面的研究却比较少。在房地产价格的分析中，如果忽略各地区房地产价格的空间联系，一方面将会造成模型的设定误差，从而使估计结果有偏，另一方面也将无法正确地探讨房地产价格的形成机制。本部分在国内已有文献的基础上，将房地产价格空间相关作为影响房地产价格的一个影响因素引入模型，从而解决由于忽略房地产价格空间相关带来的问题。

第一节 区域房价影响因素文献概述

国内外许多学者对房地产价格的影响因素进行了分析。Bramley (1993)定义了房地产价格是房地产供给、人口、经济因素和地理位置的函数。Abraham

和 Hendershott（1994）认为房地产价格由实际建筑成本、居民收入的增长率、就业率及税后实际利率决定。Green（1999）则从需求和供给两方面考察房地产价格的决定因素，需求因素方面考虑人口、收入和年龄，供给因素考虑了工资、建筑成本和土地供给数量。Krainer（2005）认为房价由家庭（需求方）和建筑单位（供给方）共同决定，影响需求方决策的重要变量是期望的永久收入与财富、投资回报率及人口，而影响供给方决策的重要变量为建筑材料及土地成本、融资成本和房屋数量。Hwang 和 Quigley（2006）利用美国面板数据分析了收入、建筑成本和当地经济状况对房价的影响。

我国学者也从不同角度对房地产价格影响因素进行了研究。周京奎（2005）利用4个直辖市房地产价格数据和宏观经济数据，对住宅价格与货币政策之间的互动关系进行实证研究，发现货币政策是决定房地产价格的重要因素。梁云芳和高铁梅（2006）从需求、供给和资本的可获得性等方面对住宅价格进行分析，发现土地价格、上一期住宅价格波动和利率的变动对住宅价格有较大影响。梁云芳和高铁梅（2007）基于误差修正模型讨论了房价区域波动差异的成因，得出东部和西部地区受信贷规模的影响大，中部地区受信贷规模的影响小，利率对各地区的影响都不大。严金海（2006）研究了房价与地价的关系，结果表明，短期内房价决定地价，长期内二者相互影响。董志勇等（2010）从需求方、供给方、地方政府及货币政策变量等方面考察了房地产价格影响因素，实证结果表明，房价推动力的主要来源是需求方，地方政府的影响也不可忽视，而供给方和货币政策的相关变量对房价的影响相对较小。

传统的这些文献都认为各个地区的房地产价格是相互独立的，而事实上，空间依赖的存在会使得回归结果是有偏的。回归模型方法最初直接将一个地区房价作为另一个地区房价的解释变量或将两个地区房价比作为被解释变量，用简单的线性回归来考察两个地区间房价的互动关系。简单的线性回归只是能简单地体现出两地区之间房价是否存在相关关系，直到空间计量经济学在房价中开始应用，才较好地分析了多个地区房价的相关程度和作用方式。静态空间计量方法的运用较好地考虑了房价的空间相关，但房地产市场很可能是一个非有效的市场，从而有必要考虑其时间相关性。在同时考虑了房价的时间和空间相关性后，可得到房价的空间动态计量模型。最初房价的空间计量分析都是在截面数据下进行，但房价的截面数据往往不能全面地反映出所有信息，故而后来许多学者都是通过空间动态面板数据模型分析房地产价格的时空相关。

Giussani 和 Hadjimatheou（1991）以人均可支配收入、区域家庭数量、名义利率、区域失业率、平均家庭财富等为自变量，房价为因变量，研究英国东南部和西北部房价的相对变化，结果发现，东南部的房价对失业率、利率变化的敏感程度比西北部明显得多，并且收入差异是东南部、西北部区域房价产生差异的重要原因。Hughes 和 McCormick（1994）在简单线性回归模型中则以南部和北部房价的比值作为因变量，而以两个区域收入、失业率变化、房屋供给比率及家庭平均财富等的相对值作为自变量，实证结果表明造成英国南北地区房价分异的主要因素是两个地区的收入和对银行利率敏感度的不同。Ashworth 和 Parker（1997）认为伦敦作为英国的政治经济中心，其房价的变动会显著影响其他区域房价，因此在英国房价模型的解释变量中引入了伦敦房价，结果表明，短期内伦敦房价对其他地区房价的影响十分显著，但这种影响不具有长期性，因为实证过程中英国房价并未进入协整方程。

随着空间计量经济学的发展，学者们开始用空间计量模型研究房价的区域互动关系，空间计量通过空间自相关来体现房价的区域互动关系。在房地产价格空间相关分析中，HPM（hedonic price modelling）在实证过程中经常出现，HPM 是将房价的空间相关看成一个影响房价的特征因素。Basu 和 Thibodeau（1998）、Dubin 等（1999）给出了利用空间计量经济学方法考虑 HPM 的相关理论。Des Rosiers 等（2000）认为空间自相关是房地产市场上的一个隐含问题，它可能导致房地产市场应用分析中的不完善，因此，在房价的 HPM 中考虑自相关问题是非常重要的。Basu 和 Thibodeau（1998）、Bowen 等（2001）、Gillen 等（2001）、Tu 等（2004）提出了至少三个引起房价空间自相关的原因。第一，房屋特征。首先，相似的房屋结构特征(如居住面积、居住年龄和设计特征)有接近的性能。Tu 等(2004)认为这些性能主要体现在房屋的建筑质量上，相近建筑质量的房屋价格在同一时期自然而然有相似，这将导致房价的空间自相关。其次，Basu 和 Thibodeau (1998)、Gillen 等(2001)认为房屋价格空间自相关的一个重要原因是在同一社区房屋拥有相同的社区便利设施。第二，空间相关也很可能出现在房屋的定价或估计过程。潜在的买家和卖家在对房屋价值进行估计时都会充分利用周边地区房价的信息。Bowen 等(2001)认为当房价由房地产专业人士给出时，他会充分考虑到房价的发展趋势及其他影响因素。第三，模型的设定偏误也会引起房价的空间自相关。Ismail (2006)全面考虑了在 HPM 模型中考虑空间自相关的原因、重要性、处理方法及模型设定方式。Baumont (2007)通过空间相关、邻里属性及其他辅助变量分析了法国 COMADI 地区房屋的 hedonic 价格模型。考虑到邻里属性通过住宅影响 COMADI 地区城市住房政策，文中强调了过去30年该地区住房方案和保护区政策在房地产开发中扮演的角色。另外，通过空间自相关和空间异质性体现住房价值分布的扩散过程，并通过空间数据探索分析表明低价房屋主要聚集在贫困地区且存在显著的空间自相关。利用 OLS 估计房价的 hedonic 价格模型发现房价的空间自相关体现在误差项中，通过估计房价的空间误差模型得到如下结论，住宅子市场及整个房地产市场中存在空间相关。Ismail 等(2008)利用空间计量经济学分析了2002—2006年马来西亚 MPKU 地区的房地产价格。他们发现相对于 SEM 模型和 SAR 模型，SAC 模型能更好地刻画 MPKU 地区的房价，即该地区房价的空间相关既体现在空间滞后项上也体现在误差空间相关项上。

空间计量模型的估计方法最常用的有两类：极大似然估计（MLE）与广义矩估计（GMM）。Elhorst (2003)考察了空间滞后面板数据模型极大似然估计量的一致性。Kapoor 等(2007)探讨了面板数据 MRSAR (回归函数只包括普通的外生解释变量，不包括被解释变量的空间自相关项，扰动项具有空间自相关形式，且个体具有随机效应)模型 GMM 估计量的一致性问题。Fingleton(2008)

研究了广义空间面板数据模型(包括一个内生空间滞后项与一个空间误差移动平均项) GMM 估计量的一致性。Anselin 等(2007)认为固定效应空间面板模型中，极大似然估计法会使计算变得复杂。首先，本部分将采用 GMM 方法估计我国房价的广义空间面板数据模型；然后，运用 MLE 方法进行稳健性检验。

第二节 模型设定与估计方法

一、空间计量模型选取结果

根据 Debarsy 和 Ertur (2010)提出的空间面板数据模型设定检验统计量和我国房价的省际面板数据，可对全国区域房价的空间相关形式进行检验，具体可参见表5-1。

表5-1 我国房价的空间计量模型选取检验结果

检验统计量	检验结果	检验统计量	检验结果
LM_J	205.00	LR_J	244.93
	（0.000）		（0.000）
LM_λ	101.50	LR_λ	142.59
	（0.000）		（0.000）
LM_ρ	194.64	LR_ρ	212.25
	（0.000）		（0.000）
$LM_{\lambda|\rho}$	681.38	$LR_{\lambda|\rho}$	102.34
	（0.000）		（0.000）
$LM_{\rho|\lambda}$	5.46	$LR_{\rho|\lambda}$	32.67
	（0.019 5）		（0.000）

在表5-1中，LM_J 和 LR_J (联合检验)统计量显示拒绝原假设，即我国区域房价存在空间相关问题，因而需要进一步做简单假设检验，以判别我国区域房

价空间相关的具体表现形式。LM_ρ 和 LR_ρ(第一个简单检验)统计量拒绝原假设，表明我国区域房价中空间自相关项存在，如果第二个简单检验接受原假设，则应该选用空间滞后模型分析我国区域房价。LM_λ 和 LR_λ (第二个简单检验)统计量结果却显示拒绝原假设，这说明我国区域房价的空间误差项存在。由于两个简单检验均拒绝原假设，从而我们需要对其进行条件假设检验。$LM_{\lambda|\rho}$、$LR_{\lambda|\rho}$、$LM_{\rho|\lambda}$ 和 $LR_{\rho|\lambda}$ (条件检验)皆拒绝原假设，表明我国区域房价的空间相关既表现出了空间自相关，也表现出了空间误差相关，从而应选择广义空间面板数据模型来分析我国房价。

二、广义空间面板数据模型设定

我们将首先考虑固定效应下我国区域房价的广义空间面板数据模型(房价模型一般考虑固定效应)。之所以直接讨论广义空间面板数据模型，是因为后面证实发现广义空间模型比空间滞后模型与空间误差模型能更好地体现我国区域房价的空间相关关系，具体设定方式如下。

$$\left.\begin{array}{l} \boldsymbol{P}_t = \lambda_0 \boldsymbol{W}_n \boldsymbol{P}_t + \boldsymbol{X}_t \beta_0 + \boldsymbol{U}_t \\ \boldsymbol{U}_t = \rho_0 \boldsymbol{W}_n \boldsymbol{U}_t + \mu_0 + \boldsymbol{V}_t \end{array}\right\} \tag{5-1}$$

其中 $\boldsymbol{P}_t$ 为 $n \times 1$ 向量，表示第 t 期 n 个地区的房屋价格；$\boldsymbol{W}_n$ 为 $n \times n$ 的空间加权矩阵(具体取值见空间加权矩阵部分)；$\boldsymbol{W}_n \boldsymbol{P}_t$ 为空间滞后项，体现各地区房价之间的相互影响；$\boldsymbol{X}_t$ 为影响房价的其他外生变量；λ, β 为本部分主要关注的参数，体现各因素对房屋价格的影响程度；ρ 为误差空间相关系数；μ 是个体固定效应系数[①]；$\boldsymbol{U}_t$ 为干扰项向量；$\boldsymbol{V}_t \sim N(0, \sigma^2 \boldsymbol{I}_n)$ 为典型的随机扰动向量。

将式(5-1)中第一个式子(即主方程)按时间叠加并做变换得：$\boldsymbol{P} = [\boldsymbol{I}_T \otimes (\boldsymbol{I}_n - \rho \boldsymbol{W}_n)^{-1}] \boldsymbol{X} \beta + [\boldsymbol{I}_T \otimes (\boldsymbol{I}_n - \rho \boldsymbol{W}_n)^{-1}] \boldsymbol{U}$，可知 p_{it} 的随机成分是由转换矩阵 $\boldsymbol{I}_T \otimes (\boldsymbol{I}_n - \rho \boldsymbol{W}_n)^{-1}$ 的第 it 行与列向量 $\boldsymbol{U}$ 的内积组成，这使得回归变量与误差项相关，此时普通的最小二乘法估计量是有偏的和非一致的。

---

① 各参数下标表示其真实值。

三、广义空间面板数据模型的 GSGMM 估计方法

模型(5-1)中由于空间滞后项和空间误差项的引入，产生了内生性问题和非球形扰动问题，因此对模型(5-1)的估计，需要解决四个问题，具体操作步骤如下：

(1)解决空间滞后项所引起的内生性问题。本部分将采用工具变量法(工具变量集我们取经过组内变换的其他外生解释变量的一阶空间滞后项)估计模型(5-1)中主方程的各参数并利用参数的估计值得到残差的一致估计。

(2)利用第一步的估计结果得到 ρ_0 的一致估计。根据 Kapoor 等(2007)[①] 提出的空间误差面板数据模型的 GMM 方法，记 $Q=(I_T-i_Ti'_T/T)\otimes I_n$，$\overline{U}=(I_T\otimes W_n)U$，可得到3个总体矩条件(在 Kapoor 等(2007)中有6个矩条件，此处我们使用固定效应模型，只需要取用前3个矩条件)，具体如下：

$$E\left(\frac{U'QU}{n(T-1)}\right)=\sigma_v^2$$

$$E\left(\frac{\overline{U}'Q\overline{U}}{n(T-1)}\right)=\frac{\sigma_v^2\mathrm{tr}(W_n'W_n)}{n}$$

$$E\left(\frac{\overline{U}'QU}{n(T-1)}\right)=0$$

由上一步得出的残差的一致估计值，可得上面3个总体矩的样本矩，再由非线性最小二乘法(NLS)得到误差空间相关系数 ρ_0 和方差 σ_v^2 的一致估计。

(3)类似时间序列中扰动项时间自相关下的解决方法，采用空间广义最小二乘法(FGLS)，解决非球形扰动问题。具体操作方法是对所有有关变量进行 Cochrane-Orcut-type 变换：$y^*(\hat{\rho})=\left[I_T\otimes(I_N-\rho W_n)\right]y$。

(4)选取合理的工具变量集，再次利用 IV 估计法对广义差分变换后的数据模型进行估计，得到各参数的有效估计。

....

[①] Kapoor 等（2007）在 Anselin（1980）、Kelejian 和 Prucha（1998b）、Kelejian 和 Prucha（1999）的基础上给出了随机效应面板数据空间误差相关模型的 GMM 估计量。

四、空间加权矩阵的介绍与设定

在使用面板数据过程中，空间加权矩阵 W 为一个 $nT\times nT$ 矩阵，它由横截面数据下的空间加权矩阵扩展得到，其中 n 为所考虑的地区数，T 为所考虑的时期数。W 为分块对角矩阵，体现了 T 时期内 n 个地区的空间关联特征，具体形式设定如下：

$$W = \begin{bmatrix} W_1 & 0 & 0 \\ 0 & \ddots & 0 \\ 0 & 0 & W_T \end{bmatrix}_{nT\times nT}$$

其中，对角线上的矩阵 $W_1,\cdots,W_T$ 分别表示时期 t 的空间加权矩阵，都是 $n\times n$ 矩阵。鉴于我们使用的基于地理位置和地理距离的空间关系不会随时间的变化而变化，因此有 $W_1 = \cdots = W_T$。对于单个的 W_t 而言，该矩阵中的元素 $w_{i,j}$，体现的是第 i 个地区与第 j 地区在空间上的联系。与上一章相同，本部分首先选用地理位置加权矩阵，即当两个地区拥有共同边界时 $w_{i,j} = 1$，两个地区没有共同的边界时 $w_{i,j} = 0$，并标准化。为了避免"单个岛屿效应"，设定海南省与广东省、广西壮族自治区有共同边界。

第三节　变量与数据

一、变量的选取

在运用空间计量方法分析我国区域房价格时，自变量中除了空间相关因素，还必须包括影响房地产价格变化的其他重要因素。结合周京奎(2005)、严金海(2006)、梁云芳和高铁梅(2007)、段忠东(2007)、闫妍等(2007)、董志勇等(2010)的研究，我们从以下几个方面选取其他外生变量。需求方面：根据影响强度与数据的可获得性，我们从众多影响因素中选取城镇居民实际人均可支配收入。部分学者也往往选用人均 GDP 来体现房价需求方面的影响因素，如董志勇等(2010)、段忠东(2007)等。与之相比，城镇居民实际人均可支配收入更能体现出居民的实际购买力。供给方面：本部分选取本年度房屋竣工面积和土地价格[①]，这两个指标分别从房屋供给量方面和房屋供给成本方面体现了各自对房价的影响。在房屋供给量方面有的学者选用了房屋销售面积指标(金海燕，2008)，房屋销售面积主要用来反映市场交易量而不是供给量。在房屋供给成本方面，部分学者选用了房屋建筑成本指标(闫妍等，2007)，但近几年地价上涨对房价的影响明显大于其建筑成本的影响，从而我们选取土地价格指标。另外，由于房地产资金来源的一个重要组成部分是信贷，因此，我们还将考虑一个描述各地区房地产市场资本可获得性的指标，记为信贷扩张，由房地产资金来源减去自筹资金以外的其他资金得到，这部分资金基本上来源于各类金融机构信贷。信贷扩张指标体现了房地产公司获得资金的容易程度，信贷扩张指标越大，说明房地产开发公司更容易获得资金。控制变量集 z_t 包括名义利率与人民币汇率。接下来我们将对各个因素的基本情况做个简单介绍。

(一)土地价格

土地价格是指房地产开发企业为取得房地产开发所用地必需支付的费用。从理论上讲，土地价格是房屋建筑成本中的重要组成部分，土地价格上升将直接导致房价的上升。

由表5-2可知，土地购置费用从1999年的500.0亿元增长到2009年的6 023.7亿元，增长了12倍，这一数字的大幅度增加势必给各地房地产开发企业带来较大的成本压力。平均土地价格也从1998年371.3元/m² 增加到1 887.7元/m²，每平方米增加了5倍多。2003年以后地价皆呈两位数增长，其中2006年增长速度达37.4%。

近年来我国地价上涨主要有两个方面的原因：一是由于现行的土地"招拍卖"制度和紧缩的土地供给政策，且土地是稀缺性资源，供给缺乏弹性；二是由于土地交易市场上的投机炒作、囤积待涨现象严重。一份由北京师范大学金

[①] 土地价格由本年度房地产公司本年度土地购置费除以本年度土地购置面积得来。

融研究中心撰写的《中国房地产土地囤积及资金沉淀评估报告》表明，到2007年年底，全国开发商手中的闲置土地规模已经达到10亿 m²。

表5-2 1999—2009年我国土地价格情况

年份	房地产开发企业本年土地购置费用（亿元）	房地产开发企业本年购置土地面积（万 m²）	平均地价（元 /m²）
1999	500.0	11 958.9	418.1
2000	733.9	16 905.2	434.1
2001	1 038.8	23 409.0	443.8
2002	1 445.8	31 356.8	461.1
2003	2 055.2	35 696.5	575.7
2004	2 574.5	39 784.7	647.1
2005	2 904.4	38 253.7	759.2
2006	3 814.5	36 573.6	1 043.0
2007	4 873.2	40 245.8	1 210.9
2008	5 995.6	39 353.4	1 523.5
2009	6 023.7	31 909.5	1 887.7

数据来源：历年《中国统计年鉴》。

(二)房屋竣工面积

房地产市场的供给量由房屋存量、本年度竣工面积和其他种类房地产转换为该房地产等组成，其中主要由房屋竣工面积决定。1999—2009年我国房屋竣工面积如表5-3所示。

由表5-3可知，1999年我国房屋竣工面积为21 410.8万 m²，2009年房屋竣工面积为72 677.4万 m²，增加了233.5%。但是2003年以后增速非常缓慢，增长速度都在10% 以下(除2004年)。近年来房屋供给量增速的减缓，直接影响了房地产市场的供给量，推动房价的上涨。

表5-3　1999—2009年我国房屋竣工面积情况

年份	施工面积（万 m²）	新开工面积（万 m²）	竣工面积（万 m²）	施工面积增长率（%）	新开工面积增长率（%）	竣工面积增长率（%）
1999	56 857.6	22 579.4	21 410.8	12.0	10.7	21.9
2000	65 896.9	29 582.6	25 104.9	15.9	31.0	17.3
2001	79 411.7	37 394.2	29 867.4	20.5	26.4	19.0
2002	94 104.0	42 800.5	34 975.8	18.5	14.5	17.1
2003	117 526.0	54 707.5	41 464.1	24.9	27.8	18.6
2004	140 451.4	60 413.9	42 464.9	19.5	10.4	2.4
2005	166 053.3	68 064.4	53 417.0	18.2	12.7	25.8
2006	194 786.4	79 252.8	55 830.9	17.3	16.4	4.5
2007	236 318.2	95 401.5	60 606.7	21.3	20.4	8.6
2008	283 266.2	102 553.4	66 544.8	19.9	7.5	9.2
2009	320 368.2	116 422.1	72 677.4	13.1	13.5	9.2

数据来源：历年《中国统计年鉴》。

（三）城镇居民人均可支配收入

改革开放以来，我国居民收入大幅提高，城镇居民人均可支配收入的上升将增强城镇居民的购买能力，提高城镇居民对房屋的有效需求。

如表5-4所示，1999年我国城镇居民人均可支配收入为5 854.1元／人，到2009年我国城镇居民人均可支配收入为17 174.65元／人（现值），增长了三倍左右。城镇居民人均可支配收入各年的增长率都在7%以上，其中2007年的增长率最高，达17.2%。这与改革开放以来我国经济持续快速发展分不开，城镇居民人均可支配收入的增长将增强居民的房屋购买力，提高对住房的需求。

（四）信贷扩张

由房地产的经济特征可知，房地产具有高资本价值特征，购置、建设房地产都需要大量资金，价值昂贵使房地产开发和购买高度依赖于金融业，从而房地产价格极易受信贷规模的影响，因此考虑影响房价的信贷因素也十分重要。

表5-4 1999—2009年我国人均可支配收入情况

年份	人均GDP（元）	人均可支配收入（元）	可支配收入增长率（%）
1999	7 159.0	5 854.1	7.9
2000	7 858.0	6 280.0	7.3
2001	8 622.0	6 859.6	9.2
2002	9 398.0	7 702.8	12.3
2003	10 542.0	8 472.2	10.0
2004	12 336.0	9 421.6	11.2
2005	14 185.0	10 493.0	11.4
2006	16 500.0	11 759.5	12.1
2007	20 169.0	13 785.8	17.2
2008	23 708.0	15 780.8	14.5
2009	25 608.0	17 174.7	8.8

数据来源：历年《中国统计年鉴》。

我国房地产开发投资资金主要包括国内贷款，利用外资、外商直接投资，自筹资金和其他来源，其中除了自筹资金以外，其他大部分直接或间接来源于信贷。从表5-5可知，我国房地产开发的信贷规模一直在扩大，从1999年的3 451.28亿元增加到2009年的39 849.92亿元（现值），其中2009年增幅最大，达到了63.94%。这是因为经过2008年的低迷后，2009年我国房地产市场形势好转且为刺激经济国家实行了相对宽松的货币政策，这在一定程度上促进了2009年房价的上涨。从表4-5我们还可以看出，信贷资金占我国房地产开发资金的绝大部分，达到70%左右，尽管在2008年只占61.35%，这主要是受2008年美国次贷危机的影响，导致我国房地产市场低迷造成的。

二、数据来源

本部分使用的是我国1999—2009年的省际面板数据，数据主要来源于历年《中国统计年鉴》《中国房地产统计年鉴》及《中国金融年鉴》。国务院1998年

7月颁布的《关于进一步深化城镇住房制度改革，加快住房建设的通知》要求"稳步推进住房商品化、社会化，逐步建立适应社会主义市场经济体制和我国国情的城镇住房新制度"，标志着中国房地产向社会化、货币化全面推进，房价主要由市场机制决定。从而1999年以前数据不具可比性，故本部分选择1999—2009年样本期。为了比较各区域房价的影响因素，本部分从全国范围、东部地区、中部地区和西部地区①分析我国房地产价格

表5-5　1999—2009年房地产开发投资资金来源

年份	资金来源小计（亿元）	自筹资金（亿元）	信贷资金（亿元）	信贷资金增速（%）	信贷资金占资金来源比重（%）
1999	4 795.90	1 344.62	3 451.28	6.26	71.96
2000	5 997.63	1 614.21	4 383.42	27.01	73.09
2001	7 696.39	2 183.96	5 512.43	25.76	71.62
2002	9 749.95	2 738.45	7 011.50	27.19	71.91
2003	13 196.92	3 770.69	9 426.23	34.44	71.43
2004	17 168.77	5 207.56	11 961.21	26.89	69.67
2005	21 397.84	7 000.39	14 397.45	20.37	67.28
2006	27 135.55	8 597.09	18 538.46	28.76	68.32
2007	37 477.96	11 772.53	25 705.43	38.66	68.59
2008	39 619.36	15 312.10	24 307.26	−5.44	61.35
2009	57 799.04	17 949.12	39 849.92	63.94	68.95

数据来源：历年《中国统计年鉴》。

模型(5-1)中，被解释变量 p_{it} 是省(区、市) i 在第 t 期的实际商品房平均销售价格，各省(区、市)的实际商品房平均销售价格通过各省(区、市)同年价

....

① 东部地区包括北京、天津、山东、辽宁、河北、福建、上海、浙江、江苏、广西、广东、海南12个省、自治区、直辖市；中部地区包括内蒙古、黑龙江、吉林、山西、安徽、河南、湖南、江西、湖北9个省、自治区；西部地区包括四川、重庆、贵州、陕西、云南、宁夏、西藏、甘肃、青海、新疆10个省、自治区、直辖市。

格指数进行修正得到，其中价格指数以1998年为基期。

第四节 实证结果与分析

一、模型估计结果及分析

根据上面的分析结果及上文所介绍的估计方法，运用 Stata 12.0软件，可得我国房地产价格区域相关分析的实证结果。具体估计结果见表5-6。

表5-6 我国房价区域相关的 GSGMM 回归结果

	全国	东部	中部	西部
空间滞后项	0.557^{***}	0.940^{***}	0.335^{*}	0.319
	（4.826）	（6.580）	（1.674）	（1.594）
城镇居民可支配收入	0.195^{**}	−0.148	0.246^{**}	0.336^{**}
	（2.126）	（−0.965）	（2.372）	（1.873）
土地价格	0.017^{*}	0.008	0.104^{**}	0.018
	（1.821）	（0.458）	（2.582）	（1.171）
本年度房屋竣工面积	-0.071^{***}	−0.031	0.036	-0.162^{***}
	（−3.049）	（−0.615）	（1.378）	（−3.955）
信贷扩张	0.112^{***}	0.093^{**}	0.049	0.141^{***}
	（5.300）	（2.244）	（1.317）	（4.278）
利率	0.009	0.004	0.007	0.009
	（1.471）	（0.629）	（1.209）	（1.454）
汇率	−0.008	−0.005	0.027	−0.006
	（−0.531）	（−0.226）	（1.211）	（−0.226）
常数项	2.133^{***}	1.667^{*}	4.320	6.011^{*}
	（2.637）	（1.708）	（1.558）	（1.825）

注：***、**、* 分别表示1%、5%、10% 的显著水平，括号中的数值为 t 值。

从表5-6的估计结果可得出如下结论：

(1) 一个地区的房屋价格的确会受周边地区房屋价格的影响。从全国范围来讲，房屋价格滞后项的弹性系数为0.557，即其周边地区的房屋价格变动1%，该地区的房屋价格变动0.557%。东部地区省(区、市)之间的房屋价格受周围地区的房屋价格的影响最大，空间滞后项的弹性系数达到0.940，即周边省(区、市)的房屋价格变动1%，该省(区、市)的房屋价格也基本上变动1%，达到了完全联动。中部地区省(区、市)之间房屋价格的空间滞后弹性系数为0.335，即周边省(区、市)的房屋价格变动1%，该省(区、市)的房屋价格变动0.335%，存在一定程度的联动关系。西部地区省(区、市)之间房屋价格联动性比较弱，空间滞后项的弹性系数已不显著。这可能是因为东部地区许多省(区、市)房价的变化是新一轮房价变化的发源地(如北京、上海和广东)且相互之间联系比较密切，只要一个省(区、市)房价发生变化，其他省(区、市)房价也会马上变动。而西部地区的房价在很大程度上受东、中部地区房价的影响，相互之间的影响程度较小。这也表明我国各区域间房价存在"波纹效应"，即从东部向中、西部传导的过程。

(2) 城镇居民可支配收入体现了城镇居民对房屋的需求因素，其弹性系数反映了需求因素对房屋价格的影响。东部地区城镇居民可支配收入的弹性系数不显著，表明东部地区房屋的价格不受需求因素的影响。而全国范围、中部地区及西部地区房屋价格显著受需求因素的影响，其中西部地区房屋价格受需求因素影响最大，城镇居民可支配收入弹性系数为0.336，说明西部地区城镇居民人均可支配收入每增加1%，西部地区房屋价格就增长0.336%。与其他因素的弹性系数相比发现，需求因素是影响西部地区房屋价格的主要因素。可能原因是西部地区居民收入不高，房屋购买力不强。

(3) 土地价格和本年度房屋竣工面积反映了房屋的供给因素，其弹性系数反映了供给因素对房屋价格的影响。从全国范围来讲，房屋的价格受土地价格的影响，土地价格的弹性系数为0.017，即土地价格每涨1%，房屋价格上涨

0.017%。东部地区土地价格的弹性系数不显著，表明东部地区房屋的价格不受供给因素的影响。中部地区土地价格的弹性系数为0.104，即中部地区土地价格每上涨1%，中部地区房屋的价格就上涨0.104%。西部地区与中部地区恰好相反，土地价格的弹性系数不显著，这可能是因为西部地区土地价格不高，土地供应比较充足。本年度房屋竣工面积会对全国范围和西部地区房价产生显著的影响。就全国范围而言，本年度房屋竣工面积的弹性系数为 −0.071，即本年度房屋竣工面积每增长1%，房屋价格就下降0.071%。而在西部地区，本年度房屋竣工面积的弹性系数为 −0.162，即本部地区本年度房屋竣工面积每增长1%，房屋价格就下降0.162%。东部地区和中部地区本年度房屋竣工面积的弹性系数不显著，表明东部地区和中部地区房屋价格不受房屋供给量的影响。

(4) 信贷扩张指标体现了信贷因素对房屋价格的影响，西部地区信贷扩张指标的弹性系数最高，为0.141，比全国的高出0.029，这可能是因为，在西部地区消费者与房地产公司获得资金的渠道较少，主要通过银行贷款进行融资。

(5) 无论是全国范围，还是东、中、西部地区，控制变量利率、汇率的弹性系数都不显著，这说明利率和汇率对房屋价格的影响不大，因此单纯利用利率调控房价的效果不是很明显，且人民币汇率的升值对我国房价的影响也不明显。

(6) 纵观四个模型的回归结果发现，在考虑了房价的空间相关性后，我国各区域房价的影响因素已不尽相同，全国范围及中、西部地区的房屋价格主要受决定房屋价格的基本经济因素影响，房屋价格并未脱离经济基本面，从而全国范围及中、西部地区的房屋价格并不存在明显的泡沫。而东部地区的房屋价格既不受需求因素的影响，也不受供给因素的影响，完全由其周边地区的房屋价格决定，脱离经济基本面运行，这说明东部地区房地产市场存在泡沫风险。可能原因：一方面，东部地区房地产从投资、自住和商用等用途来看都具有较大投资空间，而东部地区各省(区、市)房地产价格的持续上涨，使人们预测房地产价格会进一步上升，从而加强居民的购房需求，其中不乏投机者进入，进而加快了房地产价格的上升，最终形成了东部地区房屋价格的联动变化，房屋价格脱离经济基本面运行，出现房地产泡沫风险；另一方面，静态空间面板数据模型未体现出房价的时间相关性，其影响转嫁到空间相关项上，从而高估了房价的空间相关性。

二、回归结果的进一步分析

(一)房价区域互动产生的原因

从上面的回归结果看，无论是全国范围，还是东、中、西部地区，房价的空间滞后项均有一个较大的回归系数，这表明我国区域房价存在互动关系。对区域房价互动关系产生的原因，国外学者从理论和实证方面做了大量的研究，概括起来有以下几种解释，它们分别是：家庭迁移、交易搜寻成本、产权调换、空间套利、影响因素的空间差异、房价政策、计量模型的设定偏差，具体可见 Holmans（1990）、Alexander 和 Barrow（1994）、Stein（1995）、Clapp 和 Tirtiroglu（1994）、Berkovec 和 Goodman Jr（1996）、Ekman 和 Englund（1997）、Ismail（2006）、Baumont（2007）等的研究。

我国幅员辽阔、传统家乡情结、区域间经济差异及劳动力流动等具体特征，使得造成我国房价区域间互动的原因与国外不尽相同，本部分主要从劳动力流动、资本流动、信息传递、政府政策、企业定价能力及其他外生冲击方面进行分析。

1. 劳动力流动

改革开放以后，东部沿海发达地区工资水平高，就业环境好，吸引了大量的劳动力流入。2000年人口普查显示，1995—2000年间，有2 596.5万省际迁移人口迁入东部地区，占全部省际迁移人数的四分之三强，而此时东部地区迁出人口却较少。此阶段东部地区成为唯一的人口净迁入地区，大量的迁入人口，促进了东部地区经济的快速发展，同时也影响了当地的房地产市场。一方面，人口迁入引起住房需求增加，促使当地房地产价格的上涨；另一方面，随着东部地区房价的上升、生活成本的提高、中部地区的崛起、西部地区的大开发，近年来出现的人口回流(如近几年出现的"民工荒""逃离北上广")导致了回流地区房价的上涨(回流人口具有较强的购买力)，从而造成了区域间房价的互动。

2. 资本流动

相对于劳动力的流动，近年来我国资本流动对区域房地产价格产生的直接或间接影响要大得多。先后引起人们关注的有境外炒房资金、温州购房团及深圳购房团。20世纪90年代末，境外资金开始进入我国投资建设领域；21世纪初，转为直接购买物产，特别是2003年以后(121号文件出台后，国内房产企业资金短缺)。这一时期，海外热钱主要进入北京、上海等高房价地区，主要购买别墅和高价位公寓。据中国人民银行调查，2003年第一季度，境外资金占上海市全部购房资金的8.3%，到2004年第四季度上升为23.2%。受我国宏观调控影响，2005年外资在这些地区房地产市场的投资有所下降，但这并不是境外资金撤离了我国房地产市场。CBRE (世邦魏理仕)调查报告显示，2005年境外资金投在北京房市的约50%，投在上海房市的约43%，其余投在哈尔滨、大连、南京、武汉等二线城市(武振，2007)。由于境外资金主要购买别墅和高价位公寓，扩大了我国对高档房的需求，扭曲了房地产市场供给结构，其释放出来的信号同时也推动了房价的上涨；从上海、北京房市到二线中心城市房市的流动，带动了一、二线城市房价的互动。紧跟境外资金的温州购房团，2001年至2003年间辗转一线城市的房地产市场，2004年开始进入二、三线城市，推动了发达地区与欠发达地区房价的共同上涨(胡宏伟，2004；谢东旭，2004)。2007年出现的深圳购房团，将置业目标投向房地产蓬勃发展的家乡省会城市及二线城市(主要是湘、鄂、川等省份)，带动了这些地区房价的互动。上述资金的流动也许不足以对房价直接产生重大变化，但更深远地对当地居民房价预期的影响、投资意识的带动，将间接地对房地产市场及价格产生重大影响。在外来资金及本地因素的共同作用下，各地区的房地产市场产生了价格的互动反应。

3. 信息传递

近年来我国房地产价格的快速上涨引起了广大居民的关注。居民对房价的关注一方面因为要解决居住问题或改善居住条件都需在住房市场上"搜寻"，另一方面我国经济和房地产市场的持续快速发展，为居民提供了一个很好的投资机会(也不泛投机机会)。多数住房市场的参与者都没有相关经验，需要通过报纸、电视、网络及口头交流获取信息并预测，此时信息传递的作用就显得十分重要。无论是上海的"汤臣一品"，杭州西湖的天价豪宅，还是2005年下半年深圳房价的暴涨，及王石在2007年末的房价"拐点论"，甚至各地层出不穷的"地王"，都是人们津津乐道的事。关于热点地区房价的信息比本地房价的信息更熟为人知，人们在接收热点地区房价信息的同时，或多或少与所居地区房价进行对比，并预测居住地区房价的未来走势。从而各地区的房价通过快速的信息传递加强了区域间的互动。

4. 调控政策、企业定价能力及其他外生冲击

2003年以后，针对我国房价的快速增长，国家出台了一系列针对房价的宏观调控政策。从2003年出台的"121文件""18号文件"，到2005年出台的"国八条""新国八条"、2006年的"国六条"，及2009年的"国四条"、2010年的"国十条"，每一项调控政策的出台都对所有地区的房价产生了较大的影响，如2005年"国八条"和"新国八条"直接导致了2006年我国各地区房价的下降。从而，国家调控政策在一定程度上引起了各地区房价的互动。除了国家宏观调控政策，我国各类大型房地产企业的定价能力也导致了各地区房价的互动。房地产市场在经过了2008年的调整后，房地产企业扩张步伐加快，百强房地产企业加紧了对存在潜力的二、三线城市的布局。2009年，百强房地产企业分公司数同比增长24.8%，达到近10个，与此同时业务分布城市平均达16个之多。到2009年，有14个省份房地产百强企业进驻数达到或超过25个，其中新增了天津、河北、辽宁、江西、重庆、四川、安徽等7个省(市、区)，这些省

(市、区)大部位于中、西部地区。这些都说明大型房地产企业在全国范围内扩展、定价能力在加强，各个企业在不同地区的定价目标可能不同，但定价策略一致，而且具有极强的示范效应，从而这些企业定价的变动也会在一定程度上造成各地区房价的互动。此外，像2008年金融危机这样的外生冲击也会促使各地区房价同时向相同的方向变动。

总之，上述原因都很可能引起我国各地区房价的互动，尽管这种互动效应可能没有回归系数所显示的那么大，这可能是因为该模型未考虑房价的时间相关造成的，对此我们在本章后续部分进行了进一步的分析。

(二)其他影响因素的分析

需求因素方面，城镇居民可支配收入对全国范围及中、西部地区房价的影响显著为正，这既符合理论分析[①]，也跟许多实证结果相似。城镇居民可支配收入作为衡量城镇居民收入的主要指标，它的提高会增强城镇居民对房屋的有效需求。对于已有房屋的高收入者来说，一方面收入增加会形成改善住房条件的需求，另一方面由于我国近年通货膨胀率高、居民投资意识增强及居民投资渠道少，闲散资金将用于房屋投资。对于现无自住房屋的低收入者来说，收入增加将其对住房的意愿需求转换为现实需求。沈悦和刘洪玉(2004)、梁云芳和高铁梅(2007)、董志勇等(2010)等的研究也都验证了这一点。

供给因素方面，本年度房屋竣工面积和土地价格分别从房屋供给量方面和房屋供给成本方面体现了各自对房价的影响。本年度房屋竣工面积越多，房屋供给就越多，房屋价格有下降的压力；土地价格提高，房地产公司开发的成本就提高，房屋供给量会降低，从而在需求不变的情况下房屋价格会上涨。上述回归结果中本年度房屋竣工面积的回归系数符号皆为负，而土地价格的回归系数皆为正，这说明我们的分析结果与理论吻合，该结果也与平新乔和陈敏彦

---

① 从理论上来看，城镇居民人均可支配收入的提高会增强城镇居民的购买能力，增大城镇居民对房屋的有效需求。

(2004)、黄静和屠梅曾(2009)、董志勇等(2010)的实证结果相符合。尽管显著性在不同区域内不同，这与各区域土地价格的高低、房屋供给量是否充足、本区域经济结构特征等有关。另外，土地出让收入作为地方财政收入的一个重要组成部分，地方政府往往会因自身利益通过地价防止房价下降，对土地价格的引入，也将间接地考虑地方政府决策对房价的影响。

信贷扩张、利率和汇率三个指标共同体现了我国宏观政策对房价的影响。信贷因素方面，房地产的高资本价值特征，使房地产开发商和房屋购买者在建设和购置房地产时都需要大量资金，从而在房地产产品的开发和交易中往往都有金融机构的参与，本研究将来自金融机构的资金看成影响房价的一个因素，可以体现出其对房价的影响。Allen 和 Gale（1998，2000）通过模型得出资本价格与资本市场信贷扩张成正比。周京奎(2006)通过构建金融支持与房价的理论模型，得出在居民收入变动不大的情况下，金融支持的增强会导致房价的上升。梁云芳和高铁梅(2007)、魏巍贤和原鹏飞(2009)、原鹏飞和邓嫦琼(2008)等通过实证研究发现我国信贷扩张与房价也呈正相关。本部分的研究结论也支持这一观点，以下几个因素导致了我国信贷不断扩张，从而促进了我国房价的上涨。我国高速的货币增长为房价的信贷扩张提供了基础；高利差与低实际利率(甚至负实际利率)为房价的信贷扩张提供了支撑；政府为金融机构提供隐性担保为房价的信贷扩张提供了保障。利率和汇率对房价的影响目前尚未达成共识，一些研究表明利率和汇率对房价产生明显的影响，如梁云芳和高铁梅(2007)认为利率会对房价产生负的影响，但很小，王爱俭和沈庆劼(2007)认为汇率对房价会产生显著影响；另一些研究表明利率和汇率对房价不产生显著的影响，如董志勇等(2010)等。本部分结论支持后者，这可能是因为我们控制了房价的信贷扩张，因此单纯利用利率调控房价的效果不是很明显，且人民币汇率的升值对我国房价的影响也不明显。

三、传统估计结果及对比

为了与传统估计方法相比较，我们进一步给出全国范围房价的普通最小二乘法（OLS）和固定效应模型（FE）的估计结果，具体见表5-7。表5-7中（1）和（3）分别为不考虑空间相关因素的 OLS 和 FE 估计结果，（2）和（4）分别为考虑空间相关因素的 OLS 和 FE 估计结果。

表5-7 全国范围内房屋价格影响因素的 OLS、FE 估计结果

	（1）	（2）	（3）	（4）
空间滞后项		0.338^{***}		-0.015
		（7.582）		（-0.420）
城镇居民可支配收入	0.949^{***}	0.763^{***}	0.537^{***}	0.540^{***}
	（13.870）	（11.675）	（8.015）	（8.010）
土地价格	0.077^{***}	0.072^{***}	0.024^{**}	0.024^{**}
	（2.647）	（2.619）	（2.094）	（2.043）
本年度房屋竣工面积	-0.190^{***}	-0.161^{***}	-0.064^{**}	-0.064^{**}
	（-3.288）	（-3.120）	（-2.404）	（-2.405）
信贷扩张	0.164^{***}	0.129^{***}	0.144^{***}	0.144^{***}
	（3.393）	（2.973）	（6.199）	（6.137）
利率	0.036^{***}	0.017^{**}	0.015^{***}	0.015^{***}
	（4.726）	（2.540）	（2.824）	（2.821）
汇率	0.049	0.001	-0.040^{*}	-0.040^{*}
	（1.374）	（0.023）	（-1.866）	（-1.875）
常数项	-1.887^{***}	-2.219^{***}	2.249^{***}	2.357^{***}
	（-2.617）	（-3.497）	（3.742）	（3.601）
N	341	341	341	341
r^2	0.815	0.851	0.808	0.808
r2_a	0.811	0.847	0.783	0.782
F	182.075	219.174	191.398	163.586

注：***、**、* 分别表示1%、5%、10%的显著水平，括号中的数值为 t 值。

比较表5-6中全国范围房价和表5-7中房价的估计结果发现，在不考虑房价空间相关的情况下，OLS 和 FE 估计都明显高估了其他各影响因素对房价的影响，而在考虑房价空间相关的情况下，OLS 和 FE 估计都明显低估空间相关因素对房价的影响(其中 FE 估计结果中，空间滞后项的回归系数已不显著)。东、中、西部结果与之相似。由此可知，不考虑房价的空间相关影响，会因为模型中未包含重要解释变量而使回归结果是有偏的，在考虑房价的空间相关影响下，利用 OLS 和 FE 估计模型，会因为内生性问题使估计结果有偏。

第五节　稳健性检验

关于广义空间面板数据模型的设定，实证过程中有两种设定方式。一种设定方式源于 Baltagi 等(2003)，将个体效应放在主方程中。Baltagi 等(2003)在考虑具有 SAR 形式的空间面板误差模型时，将模型设定为 $Y_{nt} = X_{nt}\beta_0 + c_{n0} + U_{nt}$，$U_{nt} = \rho_0 W_n U_{nt} + V_{nt}$ 并探讨了其系数的 ML 估计量。另一种设定方式源于 Kapoor 等(2007)，将个体效应放在误差方程中。Kapoor 等(2007)在考虑具有 SAR 形式的空间面板误差模型时，将模型设定为 $Y_{nt} = X_{nt}\beta_0 + U_{nt}$，$U_{nt} = \rho_0 W_n U_{nt} + \mu_0 + V_{nt}$ 并探讨了其系数的 GMM 估计量。这两个模型在形式上只是个体效应位置不同，但其分布的方差矩阵已不相同，在 Baltagi 等(2003)的模型中方差矩阵更复杂。通过转换矩阵 $(I_n - \lambda_0 W_n)$ 发现 Kapoor 等(2007)所考虑的模型是 Baltagi 等(2003)中模型的一种特殊形式。前文我们已经运用后者分析了我国的房地产价格，本节我们将通过前者进行稳健性检验。

一、检验方法

(一)检验模型

$$\left.\begin{array}{l} P_t = \lambda_0 W_n P_t + X_t \beta_0 + c_0 + U_t \\ U_t = \rho_0 W_n U_t + V_t \end{array}\right\} \tag{5-2}$$

其中 P_t 为 $n \times 1$ 向量，表示第 t 期 n 个地区的房屋价格；W_n 为 $n \times n$ 的空间加权矩阵；$W_n P_t$ 为空间滞后项；X_t 为 $n \times K$ 矩阵，表示 K 个影响房屋价格的严格外生变量在第 t 期的观测值，包括城镇居民人均可支配收入、本年度房屋竣工面积、土地价格和信贷扩张；U_t 为 $n \times 1$ 的扰动向量；$V_t \sim iid(0, \sigma_v^2 I_n)$。

(二)检验模型的估计方法

本部分首先通过数据转换过程消除式(5-2)中的个体固定效应，然后再利用 GSMLE 估计变换后的模型[1]。为了表示方便，定义 $S_n(\lambda) = I_n - \lambda W_n$ 和 $S_n(\rho) = I_n - \rho W_n$，记 $\tilde{P}_t = P_t - \bar{P}_t$，其中，$\bar{P}_t = \frac{1}{T}\sum_{t=1}^{T} P_t$，类似地，$\tilde{X}_t = X_t - \bar{X}_T$，$\tilde{V}_t = V_t - \bar{V}_T$，$\theta = (\beta', \lambda, \rho, \sigma^2)'$、$\zeta = (\beta', \lambda, \rho)'$，在真实值处 $\theta_0 = (\beta_0', \lambda_0, \rho_0, \sigma_0^2)'$、$\zeta_0 = (\beta_0', \lambda_0, \rho_0)'$。

记 $J_T = I_T - \frac{1}{n} l_T l_T'$ 为时间均值离差变换，通过 J_T 可将式(5-2)转换为消除个体效应的模型，具体如下：

$$\left.\begin{array}{l} \tilde{P}_t = \lambda_0 W_n \tilde{P}_t + \tilde{X}_t \beta_0 + \tilde{U}_t \\ \tilde{U}_t = \rho_0 W_n \tilde{U}_t + \tilde{V}_t \end{array}\right\} \tag{5-3}$$

但式(5-3)中 $\tilde{V}_t$ 存在时间相关问题，从而不能直接用来估计，需要进一步运用 J_T 的正交特征向量矩阵进行变换，以消除 $\tilde{V}_t$ 中的时间相关。

由于 J_T 是一个秩为 $T-1$ 的对称幂等矩阵，因而 J_T 的特征值为 0 和 1，且 J_T 有 $T-1$ 个特征值为 1，有 1 个特征值为 0，特征值 0 所对应的特征向量与 l_T 成比例关系。用 $(F_{T,T-1}, l_T / \sqrt{T})$ 表示 J_T 的标准正交特征向量矩阵，其中 $F_{T,T-1}$ 对应特征值为 1 的特征向量，$l_T / \sqrt{T}$ 对应特征值为 0 的特征向量，且 $l_T F_{T,T-1} = 0$。对任意的 $n \times T$ 矩阵 $[Z_{n1}, Z_{n2}, \cdots, Z_{nT}]$，我们定义转换后的 $n \times (T-1)$ 矩阵，类似地，$X_{nt}^* = [X_{nt,1}^*, X_{nt,2}^*, \cdots, X_{nt,k}^*]$，且根据数据部分中 W_n 不随时间变化，由式(5-2)可得：

---

[1] Lee 和 Yu（2010）在 Ord（1975）、Lee（2004）、Anselin（1988b）基础上，通过数据转换过程考察了空间面板数据空间滞后模型极大似然估计量的一致性。

$$
\left.\begin{aligned}
\boldsymbol{P}_t^* &= \lambda_0 \boldsymbol{W}_n \boldsymbol{P}_t^* + \boldsymbol{X}_t^* \boldsymbol{\beta}_0 + \boldsymbol{U}_t^* \\
\boldsymbol{U}_t^* &= \rho_0 \boldsymbol{W}_n \boldsymbol{U}_t^* + \boldsymbol{V}_t^* \quad t = 1, \cdots, T-1
\end{aligned}\right\}
\tag{5-4}
$$

由 $(\boldsymbol{V}_{n1}^{*\prime}, \boldsymbol{V}_{n2}^{*\prime}, \cdots, \boldsymbol{V}_{n,T-1}^{*\prime})' = (\boldsymbol{F}_{T,T-1}' \otimes \boldsymbol{I}_n)(\boldsymbol{V}_{n1}', \boldsymbol{V}_{n2}', \cdots, \boldsymbol{V}_{n,T-1}')'$ 及 v_{it} 是独立同分布的：

$$
\begin{aligned}
& E[(\boldsymbol{V}_{n1}^{*\prime}, \boldsymbol{V}_{n2}^{*\prime}, \cdots, \boldsymbol{V}_{n,T-1}^{*\prime})'(\boldsymbol{V}_{n1}^{*\prime}, \boldsymbol{V}_{n2}^{*\prime}, \cdots, \boldsymbol{V}_{n,T-1}^{*\prime})] \\
&= \sigma_0^2 (\boldsymbol{F}_{T,T-1}' \otimes \boldsymbol{I}_n)(\boldsymbol{F}_{T,T-1} \otimes \boldsymbol{I}_n) = \sigma_0^2 \boldsymbol{I}_{n(T-1)}
\end{aligned}
\tag{5-5}
$$

因此，$\boldsymbol{V}_t^*$ 中的元素 v_{nt}^* 不相关(在正态分布下独立)。从而式(5-4)的对数似然函数为

$$
\begin{aligned}
\ln L_{n,T}(\theta) = & -\frac{n(T-1)}{2}\ln 2\pi - \frac{n(T-1)}{2}\ln \sigma^2 + (T-1)[\ln|\boldsymbol{S}_n(\lambda)| \\
& + \ln|\boldsymbol{S}_n(\rho)|] - \frac{1}{2\sigma^2}\sum_{t=1}^{T-1} \boldsymbol{V}_t^{*\prime}(\zeta)\boldsymbol{V}_t^*(\zeta)
\end{aligned}
\tag{5-6}
$$

其中 $\boldsymbol{V}_t^*(\zeta) = \boldsymbol{S}_n(\rho)[\boldsymbol{S}_n(\lambda)\boldsymbol{P}_t^* - \boldsymbol{X}_t^*\boldsymbol{\beta}]$。又对任意 n 维向量 $\boldsymbol{r}_t$ 和 $\boldsymbol{q}_t$，我们有：

$$
\begin{aligned}
\sum_{t=1}^{T-1} \boldsymbol{r}_t^* \boldsymbol{q}_t^* &= (\boldsymbol{r}_{n1}', \cdots, \boldsymbol{r}_{nT}')(\boldsymbol{F}_{T,T-1} \otimes \boldsymbol{I}_n)(\boldsymbol{F}_{T,T-1}' \otimes \boldsymbol{I}_n)(\boldsymbol{q}_{n1}', \cdots, \boldsymbol{q}_{nT}')' \\
&= (\boldsymbol{r}_{n1}', \cdots, \boldsymbol{r}_{nT}')(\boldsymbol{J}_T \otimes \boldsymbol{I}_n)(\boldsymbol{q}_{n1}', \cdots, \boldsymbol{q}_{nT}')' = \sum_{t=1}^{T} \tilde{\boldsymbol{r}}_t' \tilde{\boldsymbol{q}}_t'
\end{aligned}
\tag{5-7}
$$

其中 $(\tilde{\boldsymbol{r}}_{n1}, \cdots, \tilde{\boldsymbol{r}}_{nT}) = (\boldsymbol{r}_{n1}, \cdots, \boldsymbol{r}_{nT})\boldsymbol{J}_T$。因此可进一步将式(5-6)写成如下形式：

$$
\begin{aligned}
\ln L_{n,T}(\theta) = & -\frac{n(T-1)}{2}\ln 2\pi - \frac{n(T-1)}{2}\ln \sigma^2 + (T-1)[\ln|\boldsymbol{S}_n(\lambda)| \\
& + + \ln|\boldsymbol{S}_n(\rho)|] - \frac{1}{2\sigma^2}\sum_{t=1}^{T} \tilde{\boldsymbol{V}}_t'(\zeta)\tilde{\boldsymbol{V}}_t(\zeta)
\end{aligned}
\tag{5-8}
$$

其中 $\tilde{\boldsymbol{V}}_t(\zeta) = \boldsymbol{S}_n(\rho)[\boldsymbol{S}_n(\lambda)\tilde{\boldsymbol{P}}_t - \tilde{\boldsymbol{X}}_t\boldsymbol{\beta}]$。最大化条件似然函数式(5-8)可得到 θ_0 的广义空间极大似然估计量(GSMLE)。

二、检验结果

由模型(5-2)及广义空间极大似然估计量(GSMLE)可得检验结果，具体估计结果见表5-8。表中第1列至第4列分别表示全国范围、东部地区、中部地区和西部地区房价区域相关的 GSMLE 估计结果。

由表5-8的估计结果可知以下几点：

表5-8　我国房价区域相关的GSMLE回归结果

	全国	东部	中部	西部
空间滞后项	0.407	0.483	0.185	0.040
	（2.94）	（2.62）	（1.86）	（0.14）
城镇居民可支配收入	0.384	0.220	0.307	0.483
	（3.25）	（1.08）	（2.35）	（2.59）
土地价格	0.002	0.012	0.098	0.073
	（1.71）	（0.67）	（3.03）	（3.74）
本年度房屋竣工面积	−0.039	−0.088	0.028	−0.127
	（−0.26）	（−1.57）	（1.13）	（−2.96）
信贷扩张	0.120	0.087	0.075	0.116
	（5.93）	（0.34）	（1.91）	（3.65）
最大似然值	722.85	272.09	238.86	235.18
方差估计值	0.008 1	0.008 7	0.004 4	0.008 2
迭代次数	78	53	67	43

（1）我国房价区域相关关系存在。从全国范围讲，房屋价格滞后项的弹性系数在5%的水平下显著为正。各区域内，东部地区省(市、区)之间的房屋价格受周围地区的房屋价格的影响最大(空间滞后项的弹性系数为0.483)，西部地区省(市、区)之间房屋价格相关性最弱(空间滞后项的弹性系数为0.040且不显著)，中部地区介于两者之间。

（2）在考虑了房价的区域相关性后，各区域内房价的其他影响因素不尽相同。就全国范围而言，城镇居民人均可支配收入、土地价格和信贷扩张对全国房价有显著的正的影响。城镇居民人均可支配收入、本年度房屋竣工面积、土地价格和信贷扩张对东部地区房价的影响皆不显著，东部地区内一个省份的房价基本上由周边省份房价决定。中部地区房价受城镇居民人均可支配收入、土地价格和信贷扩张影响。西部地区房价受城镇居民人均可支配收入、本年度房屋竣工面积、土地价格和信贷扩张影响，但一个省份的房价基本上不受周边地区省份房价的影响。

(3)比较表5-6和表5-8结果，各回归系数除了数值上有所不同，其显著性和基本结论都基本相似，这说明我们的分析结果是稳健的。

第六节　本章小结

为了研究我国区域房地产价格的相关程度，本章引入空间计量模型，其设定主要有三种方式：空间滞后模型、空间误差模型和广义空间模型。根据空间计量模型设定的检验方法(Debarsy and Ertur，2010)对我国区域房价进行检验发现，我国区域房价间存在空间相关，并且这种空间相关既表现出了空间自相关，也表现出了空间误差相关，所以本章采用广义空间面板数据模型。广义空间面板数据模型的使用能很好地体现房地产价格的空间相关特征，从而克服了传统计量模型中无法考虑空间自相关的问题。但空间相关项的加入使得广义空间面板数据模型存在内生性问题和非球形扰动问题，导致传统的 OLS 估计量是有偏的和不一致的，从而研究过程中使用 GSGMM 对其估计。最后通过另一种模型设定方式及估计方法对分析结果进行稳健性检验。

为了比较各区域房价空间相关性的差异，本章还从全国范围、东部地区、中部地区和西部地区比较分析我国的房地产价格。回归结果表明，空间相关是影响我国房价的一个重要因素，其中东部地区的房价基本上脱离经济基本面完全由空间因素决定，需求和供给因素是影响其他地区房价的重要因素，而利率和汇率的变化对我国房价无显著影响。对回归结果我们做了进一步的分析。首先，讨论了引起我国区域房价互动的原因。由于我国幅员辽阔、传统家乡情结、区域间经济差异及劳动力流动等具体特征，使得造成我国区域房价互动的原因与国外不尽相同，具体从劳动力流动、资本流动、信息传递、政府政策、企业定价能力及其他外生冲击方面进行分析。然后，对影响区域房价的基本因素(需求方面、供给方面、宏观政策方面)做了进一步解释，并与已有实证结论进行对比。

　　基于本章的分析可知，在考虑了房价的区域相关之后，各地区房价的影响因素已不完全相同，这为差异化和优化政府干预策略提供了新的依据，在制定房地产调控政策时应因地制宜、差别对待，避免全国范围一刀切的情况。此外，在考虑了房价的区域相关后，利率对房屋价格的影响不大，从而应该采取控制房地产信贷扩张规模、征收房地产税和增强房地产有效供给等其他政策以控制房价的过快增长。

第六章　基于广义空间动态面板模型的区域房价时空联动分析

第一节　引言与文献回顾

有效市场假设认为：资产价格会对任何能影响它的信息做出及时、快速的反应，资产价格既充分地表现了资产的预期收益，也反映了资产的基本因素和风险因素。然而实证研究表明，房地产市场并不满足市场有效性假设（Rayburn et al.，1987；Guntermann and Norrbin，1991a）。当我们考虑到影响房地产市场的市场摩擦时，房地产市场的非有效性也就不足为奇了。例如，当经济遇到一次冲击时，房地产市场会出现时间滞后，因为现有房屋的买卖过程需要时间，当需求增加时开发商开发新楼盘，需求减少时变卖资产也都需要时间；另外房屋交易的高交易成本也导致了房地产市场的非有效性。Case 和 Shiller（1989）利用他们自己调查的四个主要城市的房屋价格指数发现，房屋价格的滞后一期项对当前房价的预测作用在统计意义上和经济意义上都显著。Guntermann 和 Norrbin（1991b）利用动态多因子和多因素模型，通过超回报率对其滞后项回归，考察了美国人口普查区住房市场。研究结果表明，该住房市场不是有效的，滞后项负的回归系数表明高（或低）房价或回报率地区经过后几期房价向相反方向变动得以修正。Quigley（2002）利用美国1986—1994年41个大都市9年的数据分析了美国各都市住房市场的相关性。结果发现各都市房价变化存在强自相关，都市大部分房价的变化由前期的价格波动解释，而经济基本面对房价变化的解释能力不强。Kunze（2004）通过对空间限制、建设周期、交易成本、投机等原因的分析，认为房地产市场是一个非有效的市场。从而经济学家们有理由认为过去的房屋价格能用来解释当前房屋价格的变化。

Clapp 和 Tirtiroglu（1994）最先将空间效应引入房地产价格的动态分析中。Clapp 和 Tirtiroglu 运用美国康涅狄格州哈特福德地区房地产市场数据，通过哈特福德地区房地产次级市场的超额收益(由一个地区次级市场的收益减去这个地区的平均收益得)对一组相邻次级市场的超额收益做回归。通过回归结果发现，一个给定次级市场房价的改变不但受其滞后期价格的影响，而且受相邻次级市场房价的影响(相邻次级市场超额收益的回归系数显著)。他们的结果表明房地产价格的空间扩散效应在一个地区内部存在。Pollakowski 和 Ray（1997）在更高的加总水平上检验了房价的时间和空间扩散效应同时存在。Pollakowski 和 Ray 运用美国9个地区1975—1994年的调查数据检验了房地产价格的空间与时间相关关系，他们并没有得到一个确定的空间相关关系，但发现一个地区房价的变动与其他地区房价变动呈格兰杰因果关系，某些地区当期房屋价格的增长率会受其相邻地区前期房屋价格增长率的影响。他们的结果表明某一地区房屋价格的冲击很可能是其他相邻地区房屋价格变动的原因。Dolde 和 Tirtiroglu（1997）研究了房地产价格变动在时空上传导的特征，他们用来自康涅狄格和邻近旧金山的城镇数据，除了平均值外，还纳入了波动变化率等信息，构建了GARCH-M 估计模型。在康涅狄格州，毗邻城镇之间发生了显著而又积极的空间上的信息传导，但在非邻近城镇并未发生。证明了相邻区域内房价变化具有"溢出效应"。

随着面板数据和空间计量的发展，许多关于房地产价格的论文都在空间动态面板数据模型的框架下进行讨论。Ioannides 和 Thanapisitikul（2008）利用美国375个都市区1975—2007年的调查数据，在不同加总水平上考察了美国房价的空间和时间效应，结果表明美国城市房价存在空间扩散效应和时间滞后效应。Brady（2009）在空间滞后模型中加入一个因变量的滞后一期项反映房地产价格的空间自相关，得到了体现房价变动的空间动态自相关面板数据模型，并利用加利福尼亚州的四组样本数据进行了实证分析，结果发现因变量的空间滞后因子与时间滞后因子的回归系数在5%显著水平上都显著，这表明加利福尼亚州的房价既受时间滞后的影响也受空间滞后的影响。Liu（2010）在传统的 hedonic 价格模型的基础上，在干扰项中考虑了房价的时间和空间相关性，并利用荷兰兰斯塔德地区（包括北荷兰省、南荷兰省、乌得勒支省和弗莱福兰省）的房价数据预测了该地区房价的变化。结果表明在考虑了房价的时间、空间相关后，减少了房价的预测误差，这说明该地区房价存在时间和空间相关。Holly 等（2010b）在空间误差模型的基础上得到了房地产价格的时空模型，并利用美国经济部分析局调查的8个地区的房价和美国房价州际面板数据，研究了美国的房地产价格，研究结果都表明存在空间自相关效应。Holly 等（2010a）提供了一种方法将滞后/领先关系引入进模型，他们在分析英国房价区域相关时，首先将伦敦看成新一轮房价变动的始发地，其他地区受其影响而变动，然后进一步将纽约房价变化看成英国房价变化的一个外部冲击源。实证结果表明，伦敦地区房价的变化会影响英国其他地区的房价并且伦敦地区的房价会受纽约等世界其他金融中心房价变化的影响。Ma（2011）运用时间、空间相关分析方法调查了澳大利亚房价的变化，研究结果发现澳大利亚各城市之间房价存在互动关系。Rambaldi 和 Rao（2011）提供了一类同时包含时变特征系数和空间误差相关的模型，该模型将常用的 hedonic 价格模型扩展为可分析预测效果的模型，并可用来构建与比较价格指数。他们利用澳大利亚布里斯班地区1985—2005年的房屋价格数据进行了实证分析。分析结果显示1985—1995年间平均房屋价格指数与 hedonic 价格指数偏离严重，但2001—2005年间拟合得较好，这说明包含时变特征和空间误差的 hedonic 价格模型能更好地揭示房价的内在信息。Dewachter 等（2010）发展了空间面板向量自回归模型（SpVAR），在此模型中同时考虑了经济冲击的时间和空间维度。Kuethe 和 Pede（2011）沿用1998年第一季度至2007年第四季度美国国家数据，运用空间面板向量自回归模型（SpVAR）展示了宏观经济冲击对美国西部房价的影响，整合了区位溢出。研究结果表明，这些溢出可能会在大量案例中引发房屋价格波动。空间计量经济学的向量自回归通过脉冲响应函数揭示了宏观经济事件对不同邻近地区的影响，从而为我们的理解提供更多的洞见。除此之外研究表明，空间信息大大降低了均方预测误差。目前，我国这方面的文献比较少，梁云芳和高铁梅（2007）在其误差修正模型中考虑了房价的滞后一阶项，钱金保（2008）考虑了房价的空间误差修正模型。王春艳和吴老二（2007）结合城市群发展的特征，基于广东省各地级市1997—1999年的平均数据，建立了珠三角21个主要城市间房地产价格与人口迁移的联立方程，讨论了各类人口迁移（圈内、圈外及净人口迁入）对当地房地产价格的影响。实证结果显示，不仅各类人口迁移会显著地影响当地房地产价格水平，而且城市的空间位置与城市房地产价格有直接关系，形成了以广州和深圳为中心，东莞、佛山、中山、珠海等二级城市为两翼的驼峰状房价分布。

根据其对空间相关的处理方式不同，以上文献可分为两类：一是将空间相关项放入主方程得到空间自相关动态面板数据模型（Brady，2011），然后用OLS 或 IV 估计法进行估计。由于内生性问题，这种处理方法会造成估计结果出现偏差。二是在干扰项中考虑空间相关，得到空间误差动态面板数据模型（Holly，2011），但这种处理方式可能存在设定误差。

本部分首次构建广义空间动态面板模型（GSDPD），并运用空间纠正差分GMM 估计量与空间纠正系统 GMM 估计量进行估计。

第二节 广义空间动态面板数据模型与估计

一、模型设定

为了充分考虑我国房价的时间滞后效应和空间滞后效应，本部分首先建立一个带有一阶滞后房价变量与空间滞后房价变量的广义空间动态面板数据模型（GSDPD）。模型设定如下：

$$\left.\begin{array}{l} P_t = \lambda P_{t-1} + \delta W_n P_t + X_t \beta + u_t \\ u_t = \rho M_n u_t + \varepsilon_t \end{array}\right\} \tag{6-1}$$

式中，P_t 为 $n \times 1$ 向量，表示第 t 期 n 个地区的房价，P_{t-1} 为房价的时间滞后项，W_n 为 $n \times n$ 的空间加权矩阵，$W_n P_t$ 为空间滞后项，X_t 为 $n \times K$ 矩阵，表示 K 个影响房价的其他因素在第 t 期的观测值，具体取值见数据部分，μ_t 为 $n \times 1$ 的扰动向量，$\varepsilon_t = I_n \eta + v_t$，$v_t \sim iid(0, \sigma_v^2 I_n)$。

二、估计方法

式（6-1）中既包含了因变量的时间滞后和空间滞后项（皆为内生变量），也包含了空间误差项（非球形扰动），本部分采用空间纠正差分 GMM 估计量（SCAB）与空间纠正系统 GMM 估计量（SCBB）进行估计。

（一）空间纠正差分 GMM 估计量

空间纠正差分 GMM 估计量（SCAB）是将 Arellano 和 Bond（1991）提出的动态面板数据模型扩展到包括空间自相关项和空间误差项的情形，具体分三步实现：

第一步，解决空间滞后项和时间滞后项带来的内生性问题，通过 GMM 估计 θ，并利用 $\hat{\theta}$ 计算 $\hat{u}_t = P_t - z_t \hat{\theta}$，其中 $z_t \equiv [P_{t-1}, W_n P_t, X_t]$ 表示解释变量矩阵，$\theta \equiv [P, \delta, \beta']'$ 为一个包含 $K+2$ 个参数的列向量。为了从 ε_t 中消除个体效应 η，首先对式（6-1）取一阶差分得：

$$\Delta \boldsymbol{P}_t = \Delta \boldsymbol{z}_t \theta + \Delta \boldsymbol{u}_t$$
$$\Delta \boldsymbol{u}_t = (\boldsymbol{I}_n - \rho \boldsymbol{M}_n)^{-1} \Delta \boldsymbol{v}_t \qquad t = 3, \cdots, T \qquad (6\text{-}2)$$

根据 Arellano 和 Bond（1991）、Kelejian 和 Robinson（1993）及 Jacobs 和 Ligthart（2009），取因变量的水平值（$y_{t-2}, \cdots, y_1$）、$\boldsymbol{W}_n \Delta \boldsymbol{X}_t$ 和外生变量的一阶差分作为工具变量。工具变量矩阵 $\boldsymbol{H}_{\text{SAB}}(t)$[①] 可定义为

$$\boldsymbol{H}_{\text{SAB}}(t) = [y_{t-2}, \cdots, y_1, \boldsymbol{W}_n \Delta \boldsymbol{X}_t, \Delta \boldsymbol{X}_t] \qquad (6\text{-}3)$$

$\boldsymbol{H}_{\text{SAB}}$ 由 $\boldsymbol{H}_{\text{SAB}}(t)$ 按时间累加而成。我们可以得到空间差分 GMM 估计量（SAB）：

$$\hat{\theta}_{\text{SAB}} = [\Delta \boldsymbol{z}' \boldsymbol{H}_{\text{SAB}} \boldsymbol{A}_{\text{SAB}} \boldsymbol{H}'_{\text{SAB}} \Delta \boldsymbol{z}]^{-1} \Delta \boldsymbol{z}' \boldsymbol{H}_{\text{SAB}} \boldsymbol{A}_{\text{SAB}} \boldsymbol{H}'_{\text{SAB}} \Delta \boldsymbol{P} \qquad (6\text{-}4)$$

其中 $\boldsymbol{A}_{\text{SAB}} = [\boldsymbol{H}'_{\text{SAB}} \boldsymbol{G}_s \boldsymbol{H}_{\text{SAB}}]^{-1}$ 为一个 $F \times F$ 的矩阵，$\boldsymbol{G}_s = \boldsymbol{I}_n \otimes \boldsymbol{G}$ 是一个 $n(T-2) \times n(T-2)$ 的加权矩阵，$\boldsymbol{G}$ 中的元素为

$$G_{ij} \equiv \begin{cases} 2, & i=j \\ -1, & i=j+1, j=i+1 \\ 0, & \text{其他} \end{cases} \qquad (6\text{-}5)$$

第二步，得到 ρ 和 σ_v^2 的一致估计量。ρ 和 σ_v^2 的一致估计量由 Kapoor 等（2007）提出的矩条件修改得。记 $\boldsymbol{Q} = (\boldsymbol{I}_{T-1} - \boldsymbol{i}_{T-1} \boldsymbol{i}'_{T-1}/(T-1)) \otimes \boldsymbol{I}_n$，$\bar{\boldsymbol{U}} = (\boldsymbol{I}_{T-1} \otimes \boldsymbol{M}_n) \boldsymbol{U}$，可得到 3 个恒等式作为总体矩条件：

$$\left. \begin{aligned} E \frac{\boldsymbol{U}' \boldsymbol{Q} \boldsymbol{U}}{n(T-1)} &= \sigma_v^2 \\ E \frac{\bar{\boldsymbol{U}}' \boldsymbol{Q} \bar{\boldsymbol{U}}}{n(T-1)} &= \frac{\sigma_v^2 \mathrm{tr}(\boldsymbol{W}'_n \boldsymbol{W}_n)}{n} \\ E \frac{\bar{\boldsymbol{U}}' \boldsymbol{Q} \boldsymbol{U}}{n(T-1)} &= 0 \end{aligned} \right\} \qquad (6\text{-}6)$$

基于第一步得到的广义残差，可形成上述总体矩条件的样本矩，再由 NLS 可以得到 ρ 以及 σ_v^2 的一致估计。

....

① 表示第 t 期的工具变量集，它包括了时间滞后项的动态工具变量和空间滞后项的空间工具变量。

第三步，解决非球形扰动带来的问题，得到模型中参数的有效估计。类似于扰动项时间自相关情形下的解决方案，本部分采用空间 FGLS 方法（具体操作是对所有变量（记为 y）进行 Cochrane-Orcut-type 变换：$\Delta \tilde{y}(\hat{\rho}) = \left[I_T \otimes \left(I_n - \rho M_n \right) \right] y$，对变换后的数据再次进行第一步估计得空间纠正差分 GMM 估计量（ SCAB ）：

$$\hat{\theta}_{\text{SCAB}} = [\Delta \tilde{z}' \tilde{H}_{\text{SAB}} \tilde{A}_{\text{SAB}} \tilde{H}'_{\text{SAB}} \Delta \tilde{z}]^{-1} \Delta \tilde{z}' \tilde{H}_{\text{SAB}} \tilde{A}_{\text{SAB}} \tilde{H}'_{\text{SAB}} \Delta \tilde{P} \tag{6-7}$$

式中，$\tilde{A}_{\text{SAB}} = [\tilde{H}'_{\text{SAB}} G_s \tilde{H}_{\text{SAB}}]^{-1}$，而 $\tilde{H}_{\text{SAB}}$ 中的元素为 $\tilde{H}_{\text{SAB}}(t) = [I_N - \hat{\rho} M_n] H_{\text{SAB}}(t)$。

（二）空间纠正系统 GMM 估计量

将 Blundell 和 Bond（1998）提出的动态面板数据模型扩展到包括空间自相关项和空间误差项的情形，得到：

$$\begin{bmatrix} \Delta P_t \\ P_t \end{bmatrix} = \begin{bmatrix} \Delta z_t \\ z_t \end{bmatrix} \theta + \begin{bmatrix} \Delta u_t \\ u_t \end{bmatrix} \tag{6-8}$$

为了表示方便，将式（6-8）写成：

$$P_{\text{BB}}(t) = z_{\text{BB}}(t)\theta + u_{\text{BB}}(t) \tag{6-9}$$

与空间纠正差分 GMM 估计量（ SCAB ）类似，空间纠正系统 GMM 估计量（ SCBB ）分三步实现。

第一步，得到空间系统 GMM 估计量（ SBB ）：

$$\hat{\theta}_{\text{SBB}} = [z'_{\text{BB}} H_{\text{SBB}} A_{\text{SBB}} H'_{\text{SBB}} z_{\text{BB}}]^{-1} z'_{\text{BB}} H_{\text{SBB}} A_{\text{SBB}} H'_{\text{SBB}} P_{\text{BB}} \tag{6-10}$$

式中，$A_{\text{SBB}} = [H'_{\text{SBB}} G_{\text{SBB}} H_{\text{SBB}}]^{-1}$，且 H_{SBB} 和 G_{SBB} 分别定义为

$$H_{\text{SBB}} = \begin{bmatrix} H_D & 0 \\ 0 & H_L \end{bmatrix}; \quad G_{\text{SBB}} = \frac{1}{2} \begin{bmatrix} G_s & 0 \\ 0 & I \end{bmatrix} \tag{6-11}$$

H_D 为一阶差分方程的工具变量矩阵，H_L 为水平方程的工具变量矩阵，G_s 取值与前面一样，I 为单位矩阵。

第二步，类似于上面方法，将第一步得到的 $\hat{\theta}_{\text{SBB}}$ 代入 $\hat{u} = P - z\hat{\theta}_{\text{SBB}}$，此时 z 只包含变量的水平值，然后利用矩条件，得到 ρ 和 σ_v^2 的一致估计量。

第三步，利用 $\hat{\rho}$ 对方程做变换解决非球形扰动问题，对变换后的数据再次

进行第一步估计得空间系统差分 GMM 估计量（SCBB）：

$$\hat{\theta}_{SCBB} = [\tilde{z}'_{BB}\tilde{H}_{SBB}\tilde{A}_{SBB}\tilde{H}'_{SBB}\tilde{z}_{BB}]^{-1}\tilde{z}'_{BB}\tilde{H}_{SBB}\tilde{A}_{SBB}\tilde{H}'_{SBB}\tilde{P}_{BB} \qquad (6\text{-}12)$$

式中，$\tilde{A}_{SBB} = [\tilde{H}'_{SBB}G_{SBB}\tilde{H}_{SBB}]^{-1}$，而 $\tilde{H}_{SBB}$ 中的元素为 $\tilde{H}_{SBB}(t) = [I_n - \hat{\rho}M_n]H_{SBB}(t)$。

第三节　权重矩阵与样本数据

一、空间权重矩阵的选取

空间权重矩阵 W 表征了空间单位之间的相互信赖性与关联程度。实证研究中，通常采用相邻规则与距离规则来定义空间加权矩阵。为了研究需要，本部分从地理位置特征与社会经济特征两个不同角度分别建立包括相邻规则与距离规则的空间加权矩阵，以便更准确地把握房价的区域相关关系。

(一)地理位置特征加权矩阵

本部分采用两种常用的地理位置特征矩阵体现房价的空间相关关系：第一种是空间相邻加权矩阵 W_1，其中的元素 $w_{i,j} = 1$ 表示两个地区拥有共同的边界，$w_{i,j} = 0$ 表示两个地区没有共同的边界，然后对矩阵进行标准化处理。为了避免"单个岛屿效应"，设定海南省与广东省、广西壮族自治区有共同边界。第二种是空间距离加权矩阵 W_2，其元素 $w_{i,j} = \begin{cases} 1/d^2_{i,j}, & i \neq j, \\ 0, & i = j, \end{cases}$ 即两地区之间距离越远，相互之间的影响程度越小，两地区之间的距离 $d_{i,j}$ 为两地区省会(首府)城市之间的距离，数据来源于 http : //www.geobytes.com/CityDistanceTool.htm。

(二)社会经济特征加权矩阵

以地理区位差异反映出区域房价的空间联系体现了地理位置特征的影响，但区域房价的空间联系可能会受经济发展水平等其他因素的影响，因此本部分进一步建立空间经济加权矩阵。具体为，$W = W_d \text{diag}(\bar{Y}_1/\bar{Y}, \bar{Y}_2/\bar{Y}, \cdots, \bar{Y}_n/\bar{Y})$，

其中 $\overline{Y}_i = \dfrac{1}{T}\sum\limits_{t=1}^{T} Y_{it}$ 为样本期内第 i 个省份实际人均 GDP 的均值，$\overline{Y} = \dfrac{1}{nT}\sum\limits_{i=1}^{n}\sum\limits_{t=1}^{T} Y_{it}$ 为样本期内实际人均 GDP 的总平均值，当 W_d 等于 W_1 时，得经济相邻加权矩阵 W_3，当 W_d 等于 W_2 时，得经济距离加权矩阵 W_4。通过空间经济加权矩阵可以发现，当一个地区实际人均 GDP 比较大时（即 $\overline{Y}_i / \overline{Y}$　$\overline{Y}_j / \overline{Y}$），对其周边地区的影响也较大（$w_{i,j} > w_{j,i}$）。

二、变量与数据

本部分采用我国 2002 年第一季度至 2010 年第三季度的省际面板数据。数据主要来源于中国经济信息网经济统计数据库。由于许多数据缺失，西藏自治区未包含在内。主要变量包括商品房销售额、商品房销售面积、城镇居民实际人均可支配收入、房屋竣工面积、土地购置费、土地购置面积、房地产投资资金来源、房地产投资资金来源中自筹资金。因变量商品房平均销售价格由商品房销售额除以商品房销售面积得，自变量中土地价格由土地购置费除以土地购置面积得，信贷扩张指标由房地产投资资金来源减去自筹资金得到[①]。

第四节　实证结果与分析

一、SAB 与 SBB 估计结果

当模型 (6-1) 中不考虑干扰项的空间相关时（$\rho = 0$），可利用 SAB 和 SBB 估计模型。表 6-1 为在空间相邻加权矩阵下，我国区域房价空间自相关动态面板数据模型的 SAB、SBB、OLS 和 LSDV 估计结果。

....

① 这部分资金大部分直接或间接来源于金融机构信贷，可以用来描述各地区房地产市场资本可获得性。

表6-1　我国房价的 SAB、SBB、OLS、LSDV 估计结果

	OLS 估计	SAB 估计	SBB 估计	LSDV 估计
房价的一期滞后	0.672***	0.587***	0.540***	0.589***
	（24.66）	（15.88）	（18.63）	（23.02）
房价的空间滞后	0.183***	0.176***	0.161***	0.118***
	（8.56）	（8.57）	（12.36）	（4.93）

注：1.SAB 估计和 SBB 估计中第一步使用的都是两阶段 GMM 估计且使用了 Windmeijer
　　（2005）提出的方法对两阶段方差矩阵进行有限样本调整，***、**、* 分别表示1%、5%、
　　10% 的显著水平，括号中的数值为 t 值。

　2. 在回归过程，我们考虑了体现季节趋势的虚拟变量，由于大部分回归结果中，季节
　　趋势表明不显著，从而回归结果中未列出。

　3. 由于篇幅问题此处只列出了房价空间滞后项与时间滞后项的估计结果。

二、SCAB 和 SCBB 估计结果

由表6-1可知，由 OLS 估计、LSDV 估计、SAB 估计和 SBB 估计得到的房价空间滞后项和房价一期滞后项回归系数的估计值皆为正数，且都在1% 的水平下显著。这表明，在研究我国房价时，考虑其时间滞后效应与空间滞后效应是必要的。但进一步观察发现，房价一期滞后项回归系数的 SAB 估计值（0.587）和 SBB 估计值（0.540）比 LSDV 估计值（0.589）小，出现了低估问题[①]，这可能是因为未考虑干扰项的空间相关造成的，因此，本部分进一步通过 SCAB、SCBB 估计我国区域房价广义空间动态面板数据模型，具体结果见表6-2。由表6-2可知：

（1）在考虑了扰动项的空间自相关后，由 OLS 估计、LSDV 估计、SCAB 估计和SCBB 估计得到的房价一期滞后项和空间滞后项系数的估计值依然为正数，且都在1% 的水平下显著。这表明，我国房地产价格存在空间与时间滞后效应。

① Bond（2002）、Hsiao（2003）认为，在不满足外生性条件时，OLS 估计往往高估
　　了因变量滞后项的回归系数，而 LSDV 往往低估了因变量滞后项的回归系数，从而
　　可以把 OLS 估计结果和 LSDV 估计分别看成回归结果中因变量滞后项回归系数的
　　上限和下限。

表6-2 我国房价的 SCAB、SCBB、OLS、LSDV 估计结果

	OLS 估计	SCAB 估计	SCBB 估计	LSDV 估计
房价的一期滞后	0.668***	0.569***	0.572***	0.567***
	（23.82）	（15.65）	（14.85）	（21.09）
房价的空间滞后	0.189***	0.178***	0.151***	0.116***
	（8.08）	（10.84）	（12.04）	（4.74）
城镇居民可支配收入	0.178***	0.174***	0.210***	0.244***
	（7.77）	（7.99）	（7.68）	（9.02）
土地价格	0.038***	0.043***	0.061***	0.045***
	（4.82）	（5.32）	（5.83）	（6.11）
房屋竣工面积	−0.029***	−0.031***	−0.037***	−0.030***
	（−3.20）	（−5.51）	（−6.09）	（−3.99）
信贷扩张	0.01	0.005	0.021***	0.015
	（1.09）	（1.15）	（3.55）	（1.64）
常数	−0.360***			0.264*
	（−3.70）			（1.70）
N	990	960	990	990
ar1		−4.32	−4.40	
ar1p		0.00	0.00	
ar2		1.59	1.565	
ar2p		0.112	0.118	
Hansen		28.218	21.811	
Hansenp		0.348	0.79	
N_g		30	30	30

注：1. SCAB 估计和 SCBB 估计中第一步使用的都是两阶段 GMM 估计且使用了 Windmeijer(2005) 提出的方法对两阶段方差矩阵进行有限样本调整，***、**、* 分别表示1%、5%、10% 的显著水平，括号中的数值为 t 值。

2. 在回归过程，我们考虑了体现季节趋势的虚拟变量，由于大部分回归结果中，季节趋势表明不显著，从而回归结果中未列出。

(2)比较房价一期滞后项的四个估计值发现，SCAB 估计值(0.569)和 SCBB 估计值(0.572)介于 OLS 估计值(0.668)与 LSDV 估计值(0.567)之间。这说明，使用广义空间动态面板数据模型来分析我国房价是合适的。Jacobs 和 Ligthart (2009)发现 SCBB 估计比 SCAB 估计有更好的小样本性质，从而在分析我国房地产价格的区域互动关系时使用 SCBB 估计法更优。Blundell 和 Bond (1998)在进行系统 GMM 估计时，要求模型中的异质扰动项 v_{it} 不存在序列相关。表6-2中 SCBB 估计的 AR (1)检验结果显著，AR (2)检验结果不显著[1]，表明本模型中的异质扰动项 v_{it} 满足序列不相关的要求。根据 Roodman (2006，2009)的研究结果[2]，本部分在进行 SCBB 估计时，内生变量的工具变量都是使用工具变量的"collapsing"形式[3]，且 Hansen 检验结果表明模型中不存在过度识别问题。因此，本部分的 AR (1)、AR (2)、Hansen 检验结果都表明 SCBB 估计法的使用是恰当的。

(3)由表6-2中的 SCBB 估计值可得，房价空间滞后项系数的估计值为 0.151，且高度相关，即相邻地区房价每增长1%，该地区房价将增长0.151%，说明我国各地区间房地产价格存在互动关系。这是由家庭迁移、财富转移和空间套利等因素造成的。家庭迁移方面，当各地区房价存在比较大的差异时，高房价区域的家庭有向周边低房价区域迁移的倾向，增加了对低房价区域的房屋

---

① AR（1）检验针对的是一阶差分方程中的残差项是否存在显著为负的一阶序列相关，而 AR（2）检验针对的是一阶差分方程中的残差项是否不存在显著的二阶序列相关。

② Roodman（2006，2009）认为在小样本下，如果系统 GMM 估计中内生变量使用 GMM 型工具变量会出现工具变量过多问题。工具变量过多会弱化 Hansen 检验的检验功效，使用 Hansen 检验的 P 值常常为1，从而使得通过 Hansen 检验结果来判别模型的过度识别非常危险，并进一步给出了减少工具变量个数的两种方法：第一种方法，限制工具变量的滞后阶数，第二种方法采用工具变量的"collapsing"形式。

③ 在使用 GMM 型工具变量时，SCBB 估计的 Hansen 检验 P 值为1，这说明如果使用 GMM 型工具变量的确存在工具变量过多的问题，由于篇幅问题，本部分没有结出使用 GMM 型工具变量的估计结果。

需求，低房价地区的房价会紧随高房价区域而升高。在轨道交通发达的今天，这一点更为明显。财富转移方面，当一个区域的房价上升时，该区域选择迁移的家庭会具有更强的支付能力（自有住房的升值），从而推高其他区域房价。空间套利方面，房地产市场在区域维度上的非有效性，为投资者和投机者在不同的区域间提供了套利机会，当空间套利行为发生时，投资者和投机者的行为会导致低房价地区的房价向高房价地区靠拢。

（4）房价一期滞后项回归系数的估计值为0.572，且高度显著。这表明，该地区上一期房价增长1%，会导致该地区本期房价增长0.572%，即我国各地区房地产价格存在时间滞后效应。这一结果说明上一期的房价上涨会导致本地区房价的持续上涨，即房价存在正的"反馈效应"。梁云芳和高铁梅（2007）、原鹏飞和邓嫦琼（2008）的研究结果也发现前期房价的上涨会导致后期房价的上涨。这也验证了在对房价继续上涨的预期刺激作用下投机因素对中国房价上涨所起的推动作用。

（5）城镇居民人均可支配收入、土地价格、房屋竣工面积和信贷扩张指标回归系数的估计值分别为0.210、0.061、−0.037、0.021，且都高度显著。这说明，城镇居民可支配收入、土地价格、房屋竣工面积和信贷扩张是影响我国房价的重要因素，其中房屋竣工面积的增加可抑制各地区房地产价格的上升，而城镇居民可支配收入的增长、土地价格的上升和信贷扩张会推动各地区房地产价格的上升。

三、不同加权矩阵下 SCBB 估计结果

在进行空间计量分析时，空间加权矩阵的选取是十分重要的。本部分进一步给出了不同加权矩阵下我国房价广义空间动态面板数据模型的估计结果。表6-3所示为我国房价广义空间动态面板数据模型在四种空间加权矩阵下的SCBB 估计结果：空间相邻加权矩阵下的 SCBB 回归结果；空间距离加权矩阵下的 SCBB 回归结果；经济距离加权矩阵下的 SCBB 回归结果；经济相邻加

权矩阵下的 SCBB 回归结果。

表6-3 不同加权矩阵下的 SCBB 回归结果

	（1）	（2）	（3）	（4）
房价的一期滞后	0.572***	0.622***	0.597***	0.568***
	（14.85）	（27.93）	（22.00）	（13.18）
房价的空间滞后	0.151***	0.085***	0.046***	0.063***
	（12.04）	（9.56）	（9.83）	（7.17）
城镇居民可支配收入	0.210***	0.195***	0.207***	0.209***
	（7.68）	（8.18）	（11.59）	（12.10）
土地价格	0.061***	0.125***	0.131***	0.137***
	（5.83）	（12.02）	（9.87）	（7.00）
本年度房屋竣工面积	−0.037***	−0.103***	−0.123***	−0.120***
	（−6.09）	（−7.17）	（−10.27）	（−7.03）
信贷扩张	0.021***	0.040***	0.069***	0.063***
	（3.55）	（3.00）	（4.00）	（3.13）
N	990	990	990	990
ar1	−4.4	−4.41	−4.44	−4.63
ar1p	0.00	0.00	0.00	0.00
ar2	1.565	1.75	1.57	1.842
ar2p	0.118	0.18	0.12	0.066
hansen	21.811	28.29	25.53	26.136
hansenp	0.79	0.45	0.60	0.566
N_g	30	30	30	30

注：***、**、* 分别表示1%、5%、10% 的显著水平，括号中的数值为 t 值。

由表6-3可知：

第一，估计结果（1）、（2）、（3）、（4）中房价空间滞后项的回归分别为0.151，0.085，0.046，0.063，且均高度显著，这说明地理位置特征和社会经济特征均会对区域房价及其空间相关性产生影响且在不同的空间加权矩阵下分析结果是稳健的。(1)和(2)中显著为正的空间相关系数表明地理位置邻近对区域房价产生显著为正的影响,(3)和(4)显示的空间相关系数显著为正,表明社会经济特征相近的地区之间房价具有显著正的影响。

第二,进一步比较空间滞后项的四个系数发现,空间相邻加权矩阵模型与经济相邻加权矩阵模型的空间相关系数(分别为0.151和0.063)比对应的空间距离加权矩阵模型与经济距离加权矩阵模型的空间相关系数(分别为0.085和0.046)大,即我国区域房价对相邻地区的影响比其他不相邻地区的影响大,这可能是因为不相邻地区间距离较远,从而信息的传递需要一定的时间。空间相邻加权矩阵模型与空间距离加权矩阵模型的空间相关系数(分别为0.151和0.085)比对应的经济相邻加权矩阵模型与经济距离加权矩阵模型的空间相关系数(分别为0.063和0.046)大,即有相似经济特征的地区间房价相互影响程度比经济特征不相似的地区间房价相互影响程度小。在一个经济冲击下,具有相似经济特征的地区间房价往往是同时变动的,从而它们之间的相关程度相对会较小些,而经济较为发达地区的房价对经济欠发达地区的房价有辐射作用。

第三,估计结果(1)、(2)、(3)、(4)中房价一期滞后项的回归分别为0.572,0.622,0.579,0.568,且均高度显著,这说我明我国房地产价存在时间滞后效应。影响房价的其他因素的回归系数值在四个模型中也非常相似,且都高度显著,说明这些影响因素的确是影响区域房价的重要因素。

第五节　本章小结

本部分采用2002年第一季度至2010年第三季度我国房地产价格的省际面板数据,通过广义空间动态面板数据模型(GSDPD),运用四个不同的空间加权矩阵比较分析了我国房地产价格的区域互动关系。广义空间动态面板模型中同时包含了时间滞后效应(由因变量的时间滞后一期项体现)、空间滞后效应(由因变量空间滞后项体现)和扰动项的空间相关。这些因素的加入,使得模型存在内生性问题和非球形扰动问题。为了解决内生问题,本部分使用空间差分GMM估计(SAB)及空间系统GMM估计(SBB)。为解决扰动项空间相关问题,本部分使用修正后Kapoor,Kelejian和Prucha (2007)的GMM估计,两种解决方法同时使用得到了空间纠正差分GMM估计(SCAB)和空间纠正系统GMM估计(SCBB)。实证结果表明,我国房地产价格存在时间滞后效应和空间滞后效应(即本地区上一期的房价及相邻地区本期的房价是影响该地区本期房价的两个重要因素),且城镇居民可支配收入、信贷扩张、土地价格和房屋竣工面积是影响我国房价的重要因素,其中房屋竣工面积的增加可抑制各地区房地产价格的上升,而城镇居民可支配收入的增长、土地价格的上升和信贷扩张会推动各地区房地产价格的上升。运用四个不同的空间加权矩阵比较分析发现,相邻地区之间房价的影响程度比其他不相邻地区之间房价的影响程度大,经济特征相似的地区间房价相互影响程度比经济特征不相似的地区间房价相互影响程度小。

第三篇

次贷危机后
区域房价空间联动的影响

第七章 基于空间脉冲响应的区域房价
时空扩散效应分析

第一节 引言与文献回顾

一个地区房价的变化将对其相邻地区房价有多大程度和多长时间的影响？这既是经济学家们关注的问题，也是政治家们关注的问题。对此，实证研究中需要分两步实现，首先检验房价的时空联动关系，然后通过空间脉冲响应函数分析房价的扩散效应。

在区域房价的时空联动方面，学者们最先从单独考察房价的时间相关性与空间相关性开始。Case 和 Shiller（1989）利用他们自己调查的四个主要城市房屋价格指数发现，房屋价格的一期滞后项对当前房价的预测作用在统计意义上和经济意义上都显著。Hughes 和 McCormick（1994）则直接以英国南部和北部房价的比值作为被解释变量，而以两个区域的相对收入、相对供给比率、失业率变化及家庭平均财富等作为解释变量，研究英国南北地区房价的相关性。Clapp 和 Tirtiroglu（1994）通过哈特福德地区房地产次级市场的超额收益对一组相邻次级市场的超额收益做回归，最先在房地产价格模型中同时考虑房价的时间滞后效应与空间互动关系。Ioannides 和 Thanapisitikul（2008）利用美国都市区23年的调查数据，分别考察了美国城市房地产价格的时间效应和空间效应，结果表明两种滞后效应同时存在于美国城市房地产市场。Brady（2011）运用空间计量模型分析了加利福尼亚州的房地产价格，实证结果表明，在5%的显著水平下，空间滞后效应与时间滞后效应都显著存在。Holly等（2011）在房地产价格空间动态面板误差模型的基础上，利用美国8个地区（美国经济部分析局）的调查数据，考察了美国区域房地产价格的空间相关性。目前，我国这方面的文献比较少，梁云芳和高铁梅（2007）在其误差修正模型中考虑了房价的时间滞后一阶项，钱金保（2008）考虑了房价的空间误差修正模型，王鹤（2012）运用探索性数据分析法与空间计量模型讨论了区域房价的空间相关性。

许多学者在考察了房价的时间滞后效应和空间相关后，进一步研究了房地产价格扩散效应。通过对房地产价格扩散效应的研究，能发现房价未来的变化趋势，从而为市场参与者和政府机构提供参考。研究房地产价格扩散效应的传统方法主要是利用VAR的脉冲响应函数进行分析。

国外相关研究。Can（1990）最早通过房价的 hedonic 模型分析了房价的扩散效应，作者将其称为"附近动态"效应。Fingleton（2008a）利用一个具有空间移动平均误差项的空间房价模型及 GMM 估计量探讨了英国房价的扩散效应。但是上述文献都是在房价的截面维度进行研究，而未将房价的时间维度考虑进去。Oikarinen(2004)通过脉冲响应函数分析了芬兰各地区房价的扩散效应，研究结果表明房价的扩散源于首都赫尔辛基地区，然后传递到地区中心，最后到达外围地区。Dijk等（2007）通过简约面板数据模型分析了荷兰阿姆斯特丹、弗里斯兰和巴尼克地区房价的扩散效应，通过脉冲响应分析发现阿姆斯特丹地区房价有最强的冲击反应，但三年以后三个地区有相同的冲击反应。Ioannides 和 Thanapisitikul（2008）通过模拟分析发现，美国一个地区房价的一个冲击对该地区未来3年房价有正的影响，25年后影响完全消失，其他地区房价的一个冲击对该地区房价的影响比自身冲击的影响大，但持续时间短。Jorda（2005）提出的局部线性投影方法可用来计算空间动态面板数据模型中的空间脉冲响应函数。Brady（2011）运用局部线性投影法测度了加利福尼亚州31个县1995至

2002年房屋价格时空同步动态面板数据模型空间脉冲响应函数，发现加利福尼亚州各个县之间的房屋价格空间自相关会持续很长一段时间，平均而言，加利福尼亚州一个县的房价会对其相邻县有大约30个月的影响，即在加利福尼亚州内部，房屋价格的空间扩散效应将持续30个月。Holly等(2011)运用广义脉冲响应函数分析了伦敦和纽约房价一个单位冲击对英国其他地区房价的影响，实证结果表明伦敦房价一单位正的冲击对其他地区的溢出效应逐步上升，且距伦敦越近的地区反应越快，特别是苏格兰地区。

　　国内相关研究。王松涛等(2008)通过广义脉冲响应函数分析我国5个主要区域房价发现，深圳、厦门、宁波和重庆4个城市房价的变化会引发所在区域内其他城市房价随之同向变化，而上海和西安2个城市房价的变化则会引发所在区域内其他城市房价异向变化，北京、大连、郑州和武汉4个城市房价的一个正向冲击对所在区域内其他城市房价的影响不定。黄飞雪等(2009)利用广义脉冲响应方法分析了北京与大连房价间相互影响。通过实证研究发现，北京房价的一个正向冲击对大连房价产生正的影响，这种影响在40期以内一直为正，其中第7期达到最大，之后有所波动；而大连房价的一个正向冲击对也会产生一个持续正的影响，这种影响在第9期最大，两者相比，北京房价对大连房价影响更大些、更快些。李勇等(2011)通过VAR的脉冲响应函数发现，我国房价对其自身一个标准单位差冲击会在第一期马上响应，之后逐渐下降。

　　传统脉冲响应函数能反映一次冲击对变量的重要性和持久性，但正如Fratantoni和Schuh(2003)所述，忽略了区域房价的空间相关性将直接误导传统脉冲响应函数的估计，并且很难在向量自回归模型中设定一个地区维度。Jorda(2005)提出的局部线性投影方法为我们提供了新的研究思路，运用该方法估计出的空间脉冲响应函数可以同时包含空间与时间维度。Brady(2011)运用局部线性投影法测度了加利福尼亚州31个县1995—2002年房屋价格的空间脉冲响应函数，发现加利福尼亚州各个县之间的房屋价格空间自相关会持续很长一段时间，平均而言，加利福尼亚州一个县的房价会对其相邻县有大约30

个月的影响。为了在分析过程中将地区维度考虑进来，本研究将使用局部线性投影方法来分析我国房价的空间脉冲响应。用局部投影法计算脉冲响应函数有以下几个优点：第一，局部投影法能通过单方程(而不需要设定完整的系统方程)得到脉冲响应函数的一致估计；第二，当出现错误设定时，局部投影法得到的脉冲响应函数比 VAR 更稳健；第三，在局部投影法中，即使通过简单的最小二乘法(OLS)也可以得到各时期脉冲响应函数的一致估计，从而由单方程线性回归得到的标准误也可以用来做基本的推断；第四，在实际应用中，当出现非线性等其他设定形式时，更容易与之联合使用。

本部分将综合运用空间动态面板数据模型和局部线性投影法探讨我国区域房价的空间与时间扩散效应。

第二节 研究方法

一、时空动态面板数据模型的设定

本研究中，时空动态面板数据模型主要用于检验房价的时空联动关系。该模型如下：

$$P_t = \lambda_0 W_n P_t + \gamma_0 P_{t-1} + \rho_0 W_n P_{t-1} + X_t \beta_0 + c_0 + V_t \qquad (7\text{-}1)$$

其中 P_t 为 $n \times 1$ 向量，表示第 t 期 n 个地区的房屋价格；P_{t-1} 为房屋价格的时间滞后项；W_n 为 $n \times n$ 的空间加权矩阵，具体取值见数据部分；$W_n P_t$ 为空间滞后项；$W_n P_{t-1}$ 为空间时间滞后项(用来具体化误差项的空间相关关系)，可以体现该地区本期房屋价格与相邻地区上一期房屋价格的相关关系；X_t 为 $n \times k$ 矩阵，表示 k 个影响房屋价格的严格外生变量在第 t 期的观测值；c 是 $n \times 1$ 维的个体固定效应向量；V_t 为 $n \times 1$ 的扰动向量；参数 γ 是房屋价格时间滞后项的系数；λ 为空间自回归系数；ρ 是房屋价格时空滞后项的系数；β 为 $k \times 1$ 的斜率系数向量。从而，模型中包含的总参数个数为地区个数 n 加普通参数 $(\gamma, \rho, \beta', \lambda, \sigma^2)'$ 的

个数 $k+4$（k 为外生变量的个数），参数下标 0 表示参数的真实值。当 $\gamma_0 = \rho_0 = 0$ 时，为空间面板数据模型；当 $\lambda_0 = \rho_0 = 0$ 时，为动态面板数据模型；当 $\lambda_0 = \gamma_0 = \rho_0 = 0$ 时，为普通面板数据模型。

定义 $S_n \equiv S_n(\lambda_0) = I_n - \lambda_0 W_n$，假设 S_n 为可逆矩阵并记 $A_n = S_n^{-1}(\lambda_0 I_n + \rho_0 W_n)$，那么式（7-1）可写为

$$P_t = A_n P_{t-1} + S_n^{-1} X_t \beta_0 + S_n^{-1} c_0 + S_n^{-1} V_t \tag{7-2}$$

二、时空动态面板数据模型的估计（DSMLE）

记 $\theta = (\delta', \lambda, \sigma^2)'$、$\zeta = (\delta', \lambda, c')'$，其中 $\delta = (\gamma, \rho, \beta')'$，在真实值处 $\theta_0 = (\delta_0', \lambda_0, \sigma_0^2)'$、$\zeta_0 = (\delta_0', \lambda_0, c_0')'$，其中 $\delta_0 = (\gamma_0, \rho_0, \beta_0')'$。

那么模型（7-1）的似然函数可表示为如下形式：

$$\ln L_{n,T}(\theta, c) = -\frac{nT}{2}\ln 2\pi - \frac{nT}{2}\ln \sigma^2 + T\ln|S_n(\lambda)| - \frac{1}{2\sigma^2}\sum_{t=1}^{T}V_t'(\zeta)V_t(\zeta) \tag{7-3}$$

其中：$V_t(\zeta) = S_n(\lambda)P_t - \lambda P_{t-1} - \rho W_n P_{t-1} - X\beta - c$，且 $V_t = V_t(\zeta_0)$。在参数空间中最大化式（7-3）可得参数的动态空间极大似然估计量（DSMLE）[①]：$\hat{\theta}_{nt}$ 和 $\hat{c}_{nt}$。当时期 T 固定时，我们可能面临"伴随参数"问题，这是因为固定效应的存在增加了被估计的参数个数，并且参数的个数会随地区个数的增大而增加。因此考虑中心化似然函数是有必要的（通过中心化过程可将 c 从待估参数中去除），中心化后待估参数不会随地区个数的变化而变化。

为表述方便，我们定义 $\tilde{P}_t = P_t - \bar{P}_t$，$\tilde{P}_{t-1} = P_{t-1} - \bar{P}_{t-1}$，其中，$\bar{P}_t = \frac{1}{T}\sum_{t=1}^{T}P_t$，$\bar{P}_{t-1} = \frac{1}{T}\sum_{t=2}^{T}P_t$，类似地，我们定义 $\tilde{X}_t = X_t - \bar{X}_T$，$\tilde{V}_t = V_t - \bar{V}_T$，并记 $Z_t = (P_{t-1}, W_n P_{t-1}, X_t)$。由式（7-3）可得 c 的一阶条件：

$$\frac{\partial \ln L_{n,T}(\theta, c)}{\partial c} = \frac{1}{\sigma^2}\sum_{t=1}^{T}V_t(\zeta) = 0 \tag{7-4}$$

---

① Elhorst（2005）和 Yu 等（2008）分别探讨了 DSMLE 的性质，两者去除个体效应的方法不一样，前者通过差分消除个体效应，后者通过去均值消除个体效应。

由式(7-4)可得被中心化的参数 c 的估计量:

$$\hat{c}(\theta) = \frac{1}{T}\sum_{t=1}^{T}\left(S_n(\lambda)P_t - Z_t\delta\right) \tag{7-5}$$

将式(7-5)代入式(7-3),可得中心化后的似然函数:

$$\ln L_{n,T}(\theta) = -\frac{nT}{2}\ln 2\pi - \frac{nT}{2}\ln\sigma^2 + T\ln|S_n(\lambda)| - \frac{1}{2\sigma^2}\sum_{t=1}^{T}\tilde{V}_t'(\theta)\tilde{V}_t(\theta) \tag{7-6}$$

其中:$\tilde{V}_t(\theta) = S_n(\lambda)\tilde{P}_t - \tilde{Z}_t\delta$,$\tilde{Z}_t = \left(P_{t-1} - \bar{P}_{T,-1}, W_nP_{t-1} - W_n\bar{P}_{T,-1}, X_t - \bar{X}_T\right)$,最大化中心化的似然函数(7-6)可得到 θ_0 的动态空间极大似然估计量(DSMLE),将 $\hat{\theta}_{nt}$ 代入 $\hat{c}_{nt}(\theta)$ 中可得 c_0 的动态空间极大似然估计量 $\hat{c}_{nt}(\hat{\theta}_{nt})$。为了最大化中心化后的似然函数式(7-6),需得它的一阶偏导和二阶偏导。一阶偏导为

$$\frac{1}{\sqrt{nT}}\frac{\partial\ln L_{n,T}(\theta)}{\partial\theta\partial\theta'} = \begin{pmatrix} \dfrac{1}{\sigma^2}\dfrac{1}{\sqrt{nT}}\sum_{t=1}^{T}\tilde{Z}_t'\tilde{V}_t(\zeta) \\[2ex] \dfrac{1}{\sigma^2}\dfrac{1}{\sqrt{nT}}\sum_{t=1}^{T}\left(\left(W_n\tilde{Y}_t\right)'\tilde{V}_t(\zeta) - \mathrm{tr}\left(G_n(\lambda)\right)\right) \\[2ex] \dfrac{1}{2\sigma^4}\dfrac{1}{\sqrt{nT}}\sum_{t=1}^{T}\left(\tilde{V}_t'(\zeta)\tilde{V}_t(\zeta) - n\sigma^2\right) \end{pmatrix}$$

二阶偏导为 $\dfrac{1}{\sqrt{nT}}\dfrac{\partial^2\ln L_{n,T}(\theta)}{\partial\theta\partial\theta'}$

$$= -\frac{1}{nT}\begin{pmatrix} \dfrac{1}{\sigma^2}\sum_{t=1}^{T}\tilde{Z}_t'\tilde{Z}_t & \dfrac{1}{\sigma^2}\sum_{t=1}^{T}\tilde{Z}_t'W_n\tilde{P}_t & \dfrac{1}{\sigma^4}\sum_{t=1}^{T}\tilde{Z}_t'\tilde{V}_t(\zeta) \\[2ex] * & \dfrac{1}{\sigma^2}\sum_{t=1}^{T}\left(\left(W_n\tilde{Y}_t\right)'W_n\tilde{Y}_t\right) + \mathrm{tr}\left(G_n^2(\lambda)\right) & \dfrac{1}{\sigma^4}\sum_{t=1}^{T}\left(W_n\tilde{Y}_t\right)'V_t'(\zeta) \\[2ex] * & * & -\dfrac{nT}{2\sigma^4} + \dfrac{1}{\sigma^6}\sum_{t=1}^{T}\tilde{V}_t'(\zeta)\tilde{V}_t(\zeta) \end{pmatrix}$$

其中:$G_n(\lambda) = W_nS_n^{-1}(\lambda)$。

Yu 等(2008)考察了 θ_0 的动态空间极大似然估计量 $\hat{\theta}_{nt}$ 的渐近性质,发现上面方法估计出来的 $\hat{\theta}_{nt}$ 是有偏的,偏误为 $\frac{1}{T}\varphi_{\theta_0,nT}$,$\varphi_{\theta_0,nT} = \sum_{\theta_0,nT}^{-1}\varphi_n$。

其中:$\sum_{\theta_0,nT} = -E\left(\dfrac{1}{nT}\dfrac{\partial^2\ln L_{nT}(\theta_0)}{\partial\theta\partial\theta'}\right)$

$$\boldsymbol{\varphi}_n = \begin{pmatrix} \dfrac{1}{n}\mathrm{tr}\left(\left(\displaystyle\sum_{h=0}^{\infty} \boldsymbol{A}_n^h(\theta)\right) \boldsymbol{S}_n^{-1}(\lambda)\right) \\[2mm] \dfrac{1}{n}\mathrm{tr}\left(\boldsymbol{W}_n\left(\displaystyle\sum_{h=0}^{\infty} \boldsymbol{A}_n^h(\theta)\right) \boldsymbol{S}_n^{-1}(\lambda)\right) \\[2mm] 0 \\[2mm] \dfrac{1}{n}\gamma\,\mathrm{tr}\left(\boldsymbol{G}_n(\lambda)\left(\displaystyle\sum_{h=0}^{\infty} \boldsymbol{A}_n^h(\theta)\right) \boldsymbol{S}_n^{-1}(\lambda)\right) + \dfrac{1}{n}\rho\,\mathrm{tr}\left(\boldsymbol{G}_n(\lambda)\boldsymbol{W}_n\left(\displaystyle\sum_{h=0}^{\infty} \boldsymbol{A}_n^h(\theta)\right) \boldsymbol{S}_n^{-1}(\lambda)\right) + \dfrac{1}{n}\mathrm{tr}\boldsymbol{G}_n(\lambda) \\[2mm] \dfrac{1}{2\sigma^2} \end{pmatrix}$$

Yu 等(2008)进一步根据动态空间类极大似然估计量的偏误，得到了一个偏纠正估计量：

$$\hat{\theta}_{nT}^1 = \theta_{nT} - \frac{1}{T}\hat{\varphi}_{\theta,nT} \tag{7-7}$$

其中：$\hat{\varphi}_{\theta,nT} = \left[\left(E\left(\dfrac{1}{nT}\dfrac{\partial^2 \ln L_{nT}(\theta)}{\partial\theta\partial\theta'}\right)\right)^{-1}\varphi_n(\theta)\right]\bigg|\theta = \hat{\theta}_{nT}$

三、局部线性投影与空间脉冲响应

本章分析中，局部线性投影与空间脉冲响应主要用于检验房价时间、空间扩散效应。Jorda（2005）从 var(∞) 出发，提出了局部投影法（LPs）。局部投影法是将 y_{t+h} 投影到由 $(\boldsymbol{y}_t, y_{t-1}, \cdots, y_{t-k+1})'$ 生成的线性空间中。假设：

$$\boldsymbol{y}_t = \sum_{j=0}^{\infty} \boldsymbol{B}_j \varepsilon_{t-j} \tag{7-8}$$

其中：$\boldsymbol{y}_t$ 为 $r \times 1$ 维随机向量，$\boldsymbol{B}_j$ 为 $r \times r$ 系数矩阵，简单起见(但不失一般性)，模型中没有包含常数项或时间趋势项。上式需满足：

（Ⅰ）$E(\varepsilon_t) = 0$ 且 ε_t 是独立同分布（i.i.d）；

（Ⅱ）$E(\varepsilon_t \varepsilon_t') = \sum_{\varepsilon}$ ；

（Ⅲ）$\displaystyle\sum_{j=0}^{\infty} \left\|\boldsymbol{B}_j\right\| < \infty$ ，其中 $\left\|\boldsymbol{B}_j\right\|^2 = \mathrm{tr}\left(\boldsymbol{B}_j'\boldsymbol{B}_j\right)$ 且 $\boldsymbol{B}_0 = \boldsymbol{I}_r$ ；

（Ⅳ）$\det\{\boldsymbol{B}(z)\} \neq 0$ 对所有的 $|z| \leqslant 1$，其中 $\boldsymbol{B}(z) = \sum\limits_{j=0}^{\infty} \boldsymbol{B}_j z^j$。

由 Wold 分解定理式（7-8）也可以写成自相关形式：

$$y_t = \sum_{j=0}^{\infty} A_j y_{t-j} + \varepsilon_t \tag{7-9}$$

其中：

（Ⅴ）$\sum\limits_{j=0}^{\infty} \|A_j\| < \infty$；

（Ⅵ）$A(z) = I_r - \sum\limits_{j=0}^{\infty} A_j z^j = \boldsymbol{B}(z)^{-1}$；

（Ⅶ）$\det\{A(z)\} \neq 0$ 对所有的 $|z| \leqslant 1$。

将式（7-9）做简单的重复迭代可得：

$$y_{t+h} = A_1^h y_t + A_2^h y_{t-1} + \cdots + \varepsilon_{t+h} + B_1 \varepsilon_{t+h-1} + \cdots + B_{h-1} \varepsilon_{t+1} \tag{7-10}$$

且：① 对所有的 $h \geqslant 1$ 有 $A_1^h = B_h$，②当 $j > 1$ 时，$A_j^h = B_{h-1} A_j + A_{j+1}^h$，$A_{j+1}^0 = 0$，$B_0 = I_r$。

在滞后 k 期处将无限滞后表达式（7-10）截取，可得：

$$y_{t+h} = A_1^h y_t + A_2^h y_{t-1} + \cdots + A_k^h y_{t-k+1} + v_{k,t+h} \tag{7-11}$$

其中：$v_{k,t+h} = \sum\limits_{j=k+1}^{\infty} A_j^h y_{t-j} + \varepsilon_{t+h} + \sum\limits_{j=k+1}^{h-1} \boldsymbol{B}_j \varepsilon_{t+h-j}$

Jorda 记式（7-11）为 y_{t+h} 的局部投影，由 Jorda 和 Kozicki（2007）可知，A_1^h 是脉冲响应系数 B_h 的一致估计。局部投影可由系统方程联合估计得，但一致估计并不要求是联合估计，正如 Jorda（2005）所述，向量 $\boldsymbol{y}_t$ 中的第 j 个内生变量 y_{jt} 的脉冲响应函数，可由 y_{jt} 对系统滞后项做回归得一致估计量。

类似于 Brady（2009），我们可以将包含空间滞后项的单方程模型式（7-1）写成下面形式：

$$P_{t+h} = \lambda_0^h W_n P_t + \lambda_0^h P_{t-1} + \rho_0^h W_n P_{t-1} + X_t \beta_0^h + c_0^h + V_{t+h} \tag{7-12}$$

估计式（7-12）可得空间相邻加权矩阵下中国房价的空间脉冲响应函数。

第三节　权重矩阵与数据处理

一、空间权重矩阵的选取

W 为一个 $n \times n$ 的空间加权矩阵，该矩阵的元素 $w_{i,j}$ 反映了第 i 个省份与第 j 个省份在空间中的相互关系。实证中 $w_{i,j}$ 的取值常用两种规则：空间距离规则与地理位置规则。地理位置规则认为空间相关只会在地理上接壤地区之间存在，当两个地区在地理上接壤时，取 $w_{i,j} = 1$，否则取 $w_{i,j} = 0$，做标准化处理后（每一行的和为1）得到空间相邻加权矩阵。空间距离规则认为两个地区之间的距离决定两个地区间的关联程度，一般根据距离的倒数（ $w_{i,j} = 1/d_{i,j}$ ）得空间距离加权矩阵。此处选用空间相邻加权矩阵，即当两个地区拥有共同边界时 $w_{i,j} = 1$，两个地区不存在共同边界时 $w_{i,j} = 0$，并标准化。为避免"单个岛屿效应"，设定广东省、广西壮族自治区与海南省拥有共同边界。

二、变量选取与数据处理

在运用空间计量方法分析我国区域房价时，自变量中除了时空相关因素，还必须包括影响房地产价格变化的其他重要因素。结合周京奎（2005）、严金海（2006）、梁云芳和高铁梅（2007）、董志勇等（2010）等的研究，我们从以下几个方面选取其他外生控制变量（ X ）。需求方面：根据影响强度与数据的可获得性，我们从众多影响因素中选取城镇居民实际人均可支配收入。部分学者也往往选用人均 GDP 来体现房价需求方面的影响因素，如董志勇等（2010）、段忠东（2007）等。与之相比，城镇居民实际人均可支配收入更能体现居民的实际购买力。供给方面：本部分选取本年度房屋竣工面积和土地价格①，这两个指标分别从房屋供给量方面和房屋供给成本方面体现了各自对房价的影响。在房屋供给量方面有的学者选用了房屋销售面积指标（金海燕，2008），房屋销售面积

---

① 土地价格由房地产公司本年度土地购置费除以本年度土地购置面积得。

主要用来反映市场交易量而不是供给量。在房屋供给成本方面，部分学者选用了房屋建筑成本指标(闫妍等，2007)，但近几年地价上涨对房价的影响明显大于其建筑成本的影响，从而我们选取土地价格指标。另外，房地产的特性决定了金融资本对房地产市场的发展至关重要，因此，我们还将引入一个描述资本可获得性的指标(梁云芳和高铁梅，2007)，记为信贷扩张[1]，是房地产资金来源中的重要组成部分。

　　本部分将使用我国2002年第一季度至2010年第三季度的省际面板数据来研究房地产价格区域互动。数据主要来源于中国经济信息网经济统计数据库[2]，选择从2002年第一季度开始的数据主要因为这些指标中许多都是从2002年开始公布季度数据。考虑到数据可能存在季节特征，我们首先采用 X-12 方法[3]对数据进行季节调整。考虑到各变量之间可能存在的非平稳、非线性关系与多重共线性等问题，依据 Madariaga 和 Poncet (2007)，我们对所有因变量和自变量都采用自然对数形式。由于西藏自治区许多数据缺失，只考虑了内陆其他30个省(市、区)的数据。为了对各地区房价的相关程度进行对比，依据国家统计局划分标准将中国分为东部地区、中部地区和西部地区[4]。

....

[1] 信贷扩张指标由房地产资金来源减去自筹资金得，这部分资金基本上来源于各类金融机构信贷。

[2] 指标包括商品房销售额、商品房销售面积、城镇居民实际人均可支配收入、房屋竣工面积、土地购置费、土地购置面积、房地产投资资金来源、房地产投资资金来源中自筹资金（所有数据皆是以2002年第一季度为基期的实际数）。因变量商品房平均销售价格由商品房销售额除以商品房销售面积得，自变量中土地价格由土地购置费除以土地购置面积得，信贷扩张指标由房地产投资资金来源减去自筹资金得。

[3] 具体步骤参见由中国人民银行调查统计司编制的《时间序列 X-12-ARIMA 季节调整：原理与方法》（中国金融出版社，2006）。

[4] 其中东部地区包括北京、天津、河北、辽宁、上海、江苏、浙江、福建、山东、广东、广西、海南12个省、自治区、直辖市；中部地区包括山西、内蒙古、吉林、黑龙江、安徽、江西、河南、湖北、湖南9个省、自治区；西部地区包括重庆、四川、贵州、云南、陕西、甘肃、宁夏、青海、新疆9个省、自治区、直辖市(西藏数据缺失，未包括在内)。

第四节　实证结果

一、时空联动关系

表7-1所示为在空间相邻加权矩阵下，我国区域房价时空动态面板数据模型纠偏后的 SDMLE 结果，其中模型(1)为全国范围的估计结果，模型(2)、(3)、(4)分别为东、中、西部地区的估计结果。

表7-1　区域房价时空动态面板数据模型估计结果

	（1）全国范围	（2）东部地区	（3）中部地区	（4）西部地区
房价的空间滞后	0.15***	0.189 9***	0.165 7***	0.071 6
	（3.78）	（4.06）	（2.85）	（1.37）
房价的一期滞后	0.540 8***	0.690 4***	0.494 6***	0.435 4***
	（21.88）	（18.45）	（9.88）	（12.06）
房价的空间一期滞后	0.104 2**	0.007 8	−0.019 1	−0.063 8
	（2.28）	（0.12）	（−0.27）	（−1.11）
城镇居民可支配收入	0.043 6**	0.027 3	0.092**	0.062**
	（2.01）	（0.79）	（2.40）	（2.02）
土地价格	0.027 5***	0.010 1	0.034 9***	0.051 6***
	（4.10）	（0.98）	（2.87）	（5.30）
本期房屋竣工面积	−0.023 5***	−0.068 8***	−0.012 9	0.002 9
	（−2.87）	（−3.26）	（−1.32）	（0.21）
信贷扩张	0.060 7***	0.072 6***	0.076 3***	0.111 8***
	（5.74）	（3.70）	（4.28）	（6.40）
最大似然值	1 357.1	541.88	449.47	398.78
方差估计值	0.008 1	0.008 3	0.006 3	0.008 9
迭代次数	14	16	17	16

注：(1) ***、**、* 分别表示在1%、5%和10%水平上显著；(2)括号中为 t 统计量值。

由表7-1可知：

(1)我国区域房价存在空间联动效应与时间滞后效应。除西部地区房价空间滞后项外，四个回归模型房价一期滞后项和空间滞后项的回归系数皆显著不为零，表明区域房价既受本地区上一期房价的影响，也受周边地区房价的影响。其中，东部地区房价的时空联动效应最强(回归系数分别为0.690 4、0.189 9)，中部地区次之(回归系数分别为0.494 6、0.165 7)，西部地区最弱(回归系数分别为0.435 4、0.071 6)。

(2)我国区域房价受经济基本面影响。需求因素方面，东部地区城镇居民可支配收入的弹性系数不显著，表明东部地区房价不受需求因素的影响，而全国范围、中部地区及西部地区房价显著受需求因素的影响。供给因素方面，全国范围，房地产价格既受土地价格的影响也受本年度房屋竣工面积的影响，弹性系数分别为0.027 5、−0.023 5。东部地区土地价格弹性系数不显著，本期房屋竣工面积的弹性系数显著为负，中、西部地区土地价格的弹性系数显著为正，而本期房屋竣工面积的弹性系数不显著。信贷因素方面，信贷扩张指标的回归系数在西部地区最高，为0.111 8，比全国平均值高出0.051 1，这可能是因为西部地区融资渠道单一，房地产公司与消费者更多的是通过银行获得资金。

(3)比较四个模型的回归结果发现，全国范围、中部地区及西部地区的房价主要由基本经济面决定，而东部地区的房价主要由周边地区及自身决定，脱离经济基本面，表明我国东部地区存在房地产价格泡沫风险。

为了与传统计量结果进行比较，表7-2给出了全国范围区域房价[①]的静态面板模型、动态面板模型与空间面板模型估计结果。

---

① 此处主要是为了比较本部分所用模型（空间动态面板）与传统模型（静态面板模型、动态面板模型、空间面板模型）的差异，东、中、西部结果与全国范围结果相似，因而未一一列出。

表7-2 区域房价动态面板与空间面板数据模型回归结果

	（1）OLS	（2）FE	（3）DIF_GMM	（4）SYS_GMM	（5）Spatial_Panel
房价的一期滞后			0.704***	0.760***	
			（41.35）	（60.12）	
房价的空间滞后					0.717***
					（13.94）
可支配收入	0.710***	0.289***	0.060 0***	0.195***	0.059 8**
	（14.98）	（9.93）	（4.39）	（17.77）	（1.98）
土地价格	0.186***	0.107***	0.030 0***	0.035 4***	0.044 0***
	（12.44）	（12.33）	（4.65）	（10.15）	（5.03）
本期房屋竣工面积	−0.128***	−0.033 9***	−0.023 2***	−0.030 1***	−0.026 3***
	（−6.18）	（−2.97）	（−4.09）	（−4.54）	（−2.64）
信贷扩张	0.108***	0.182***	0.086 2***	0.031 1***	0.059 9***
	（5.23）	（14.63）	（5.82）	（4.14）	（4.29）
常数	0.735***	3.319***			1.071***
	（2.74）	（20.86）			（5.04）
Observations	1 050	1 050	990	1 020	1 050
R-squared	0.791	0.744			
F	734.0	736.6			
Number of id		30	30	30	30

注：（1）***、**、* 分别表示在1%、5% 和10% 水平上显著；（2）括号中为 t 统计量值。

比较表7-1中模型（1）与表7-2中各模型[①] 发现，全国范围区域房价时空动态面板数据模型中各解释变量回归系数的估计值比传统模型中绝大多数对应回归系数的估计值小。对此，Pace 和 LeSage（2010）在一个一般的模型设定框架下，

① 表7-2 中（1）、（2）为静态面板数据模型的混合（Pooled）估计与最小二乘工具变量（LSDV）估计，（3）、（4）为动态面板数据模型的差分矩估计（DIF_GMM）与系统矩估计（SYS_GMM），（5）为静态面板数据空间滞后自回归模型（SAR）的估计结果。

推导出遗漏变量对空间回归方法的影响要小于其对最小二乘法的影响[①]，从而我们有理由认为区域房价时空动态面板数据模型的估计结果更为可靠，所考虑的传统模型估计结果很可能高估其他因素的影响。

二、时间、空间扩散效应

根据前面回归结果及式(7-12)可得空间相邻加权矩阵下我国房地产价格的空间脉冲响应函数，具体如图7-1至图7-6所示。在下面各图中，横轴表示滞后期数(单位：季度)，纵轴表示脉冲响应函数，粗线为脉冲响应函数，细线为偏离线。

图7-1给出了在受房价空间滞后项1%变化后，全国范围、东部地区、中部地区和西部地区房价在未来3年中的空间脉冲响应函数，并进一步给出了在95%置信水平下的置信带(由每个时期房价空间滞后项回归系数的标准差计算得到)。由图7-1可知，在全国范围内，相邻地区房地产价格变动1%对该地区房地产价格的影响将持续一年左右(第4个季度之后，房价空间滞后项的回归系数开始不显著)，在东部地区内，相邻地区房地产价格变动1%对该地区房地产价格的影响只会持续3个季度(从第4个季度开始，房价空间滞后项的回归系数开始不显著)，而在中、西部地区内，相邻地区房地产价格变动1%对该地区未来房地产价格不会产生影响(从第一个季度开始，房价空间滞后项的所有回归系数不显著)，这表明我国房地产价格的空间扩散效应会持续一段时间，但不同区域内，时间长短不一。进一步比较图7-1中的各图发现，全国范围内，各省区市房价相互之间的影响持续时间相对较长，东部地区内，各省区市房价相互之间的影响相对比较大，而中、西部地区内，各省区市房价相互之间的影响依次减小。就全国范围和东部地区而言，房地产价格的空间扩散效应会持续一年时间，而中部地区内部房价的空间扩散效应只在本期存在，西部地区内部房价的空间扩散效应不存在，这是因为东部地区房价的变化会传递给中部地

[①] Brasington 和 Hite（2005）、Dubin（1988）对该问题做了许多前期研究。

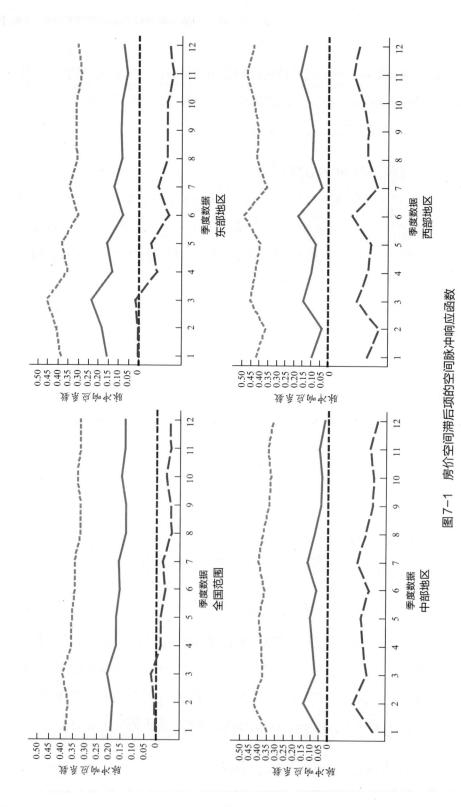

图7-1 房价空间滞后项的空间脉冲响应函数

区，而西部地区房价会受东、中部地区房价变化的影响。这也表明，在我国房地产价格的变动过程中存在"波纹效应"。

图7-2给出了全国范围、东部地区、中部地区和西部地区在受上一期房价1%变动后，房价在未来3年中的空间脉冲响应函数，并进一步给出了在95%置信水平下的置信带。由图7-2可知，在全国范围内，上一期房价变动对该地区房地产价格的影响将持续一年半左右(第6个季度之后，房价时间滞后项的回归系数基本不显著)。在东部地区内，上一期房价变动对该地区房地产价格的影响将持续一年半左右，其中第一年影响非常大，在第5个季度至第6个季度之间有一个大的下降。在中部地区内，上一期房价变动1%对该地区房地产价格的影响将持续5个季度左右，在这期间，对各期房价的影响逐步减少。而在西部地区内，上期房价变动，在未来半年内影响非常显著，在第3个季度至第8个季度之间出现波动，第8季度以后影响不再显著。这表明，我国各地区房价存在"反馈效应"，上一期房价的变动会影响该地区未来房价的变动，其中东部地区内效应最强，影响时间也最长，西部地区内效应最弱，影响时间也最短。

由图7-3可知，在控制了房价的区域相关后，全国范围、中部地区和西部地区内，城镇居民可支配收入一个正的冲击，将对当地的房价产生正的影响并在一定时期后显著(全国范围和中部地区在两年后，西部地区在三年后)，而东部地区内，城镇居民可支配收入的冲击不会对当地的房地产价格产生显著影响。这也说明了在东部地区，房价不受城镇居民可支配收入的影响，而在其他地区，城镇居民可支配收入是影响当地房价的一个重要因素。

由图7-4与图7-5可知，在全国范围、东部地区、中部地区和西部地区，土地价格和当期房屋竣工面积一个正的冲击，对当地的房地产价格在第一个季度以后的影响皆不显著，结合表7-1可知，在全国范围、中部地区和西部地区，土地价格只对当期房价有显著影响(土地价格对东部地区无显著影响)；在全国范围和东部地区，当期房屋竣工面积只对当期房价有显著影响(当期房屋竣工面积对中部地区和西部地区房价无显著影响)。

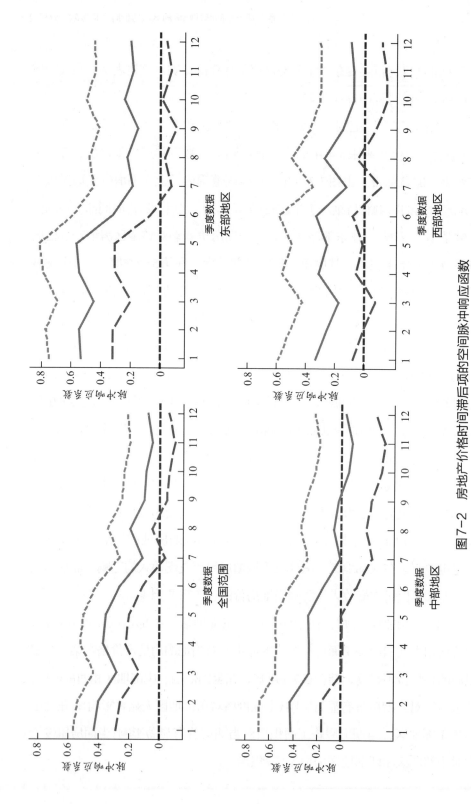

图7-2　房地产价格时间滞后项的空间脉冲响应函数

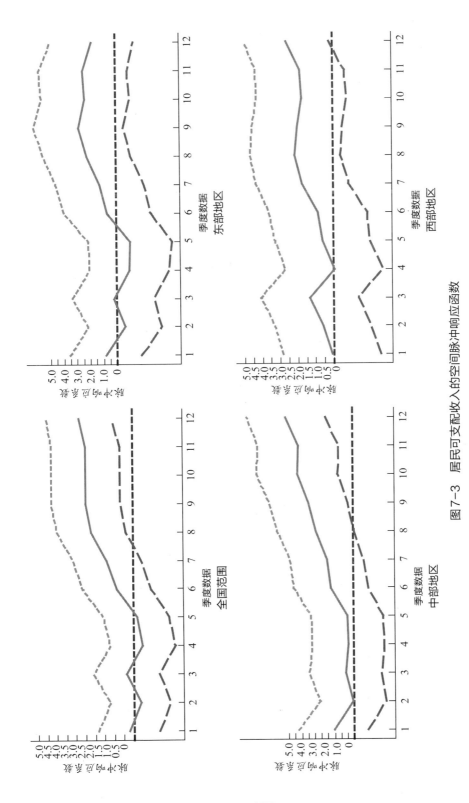

图7-3 居民可支配收入的空间脉冲响应函数

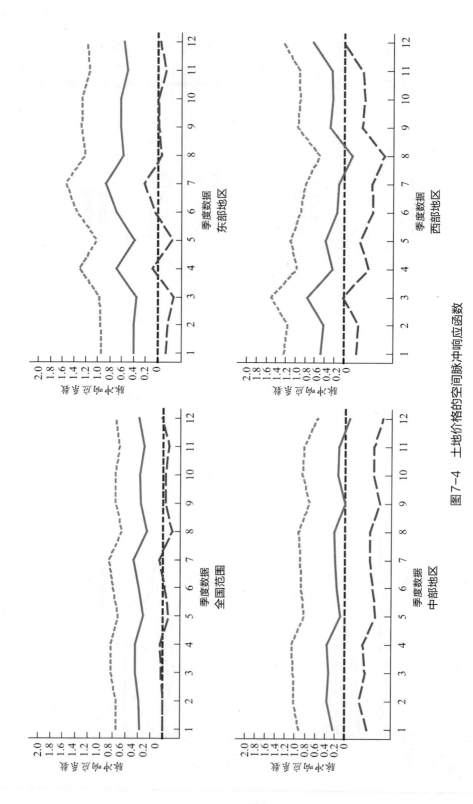

图7-4 土地价格的空间脉冲响应函数

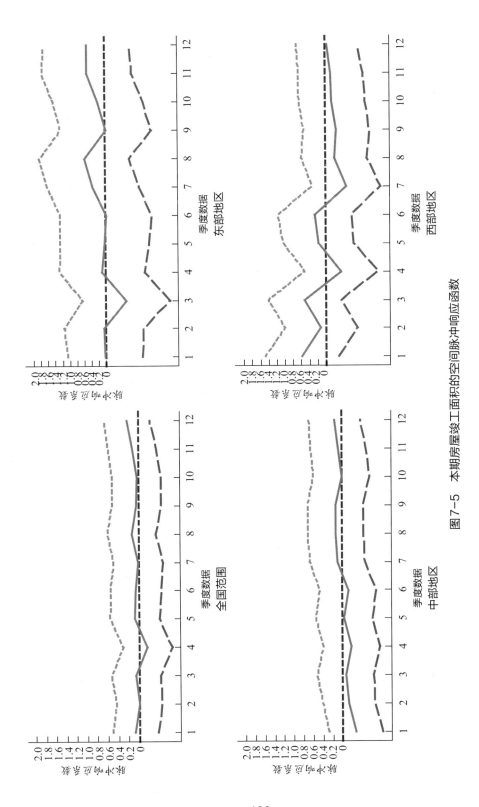

图7-5 本期房屋竣工面积的空间脉冲响应函数

由图7-6可知，在全国范围、东部地区、中部地区和西部地区，信贷扩张一个正的冲击，一年半至两年内，对当地房价的影响一直在增大，之后减小至不显著，表明信贷扩张对房价的影响会持续一段时间。可能是因为资金从资本市场到房地产市场，然后再对房地产价格产生影响需要一定的时间。这也说明了作为高资本特征的房地产，信贷规模对其发展的制约。

图7-1至图7-6给出了跨越时间和空间的区域房地产价格的动态图。图7-2至图7-6中显示的区域房价冲击反应可以与根据时间序列模型生成的脉冲响应进行比较，传统基于VAR的脉冲响应分析只追溯了冲击效应在时间维度上的推移，如吴燕华和杨刚(2011)、李勇等(2011)、段忠东(2007)。然而，正如Fratantoni和Schuh(2003)所述，忽略了区域房价的相关性将直接误导传统脉冲响应函数的估计。因此，不同于以往的房价研究，我们根据同时控制了区域内条件和区域间相关的模型估计区域房价的冲击反应。换句话说，空间脉冲响应函数提供了一种方法来控制空间相关性，以便更好地了解房价冲击是如何随时间变动的。例如，表7-1结果显示在控制了房价区域相关后，本期房屋竣工面积对全国范围和东部地区当期房价有显著影响，但图7-6表明本期房屋竣工面积的一个正向冲击对未来12个季度房价都无明显影响。这体现了我国目前房屋空置率比较高，从而当期房屋竣工面积对未来房价影响不明显。相反，信贷扩张的一个正向冲击后，全国范围房价会出现一个稳定持续增长，并在第七个季度达到最大值(见图7-6)。吴燕华和杨刚(2011)研究了我国货币供应量冲击对房价的影响，发现在第13期达最大值。图7-3显示，人均可支配收入的一个正向冲击对全国范围房价的影响在第七个季度后显著为正，这与段忠东(2007)的研究结论相似，但影响程度较之小。由图7-4可知，土地价格的一个正向冲击对全国范围房价的影响会持续4个季度，无论影响大小还是持续时间都比李勇等(2011)的分析小。

总之，与上述研究结论相比，在考虑了房价区域相关后，各影响房价的基本经济变量对房价的作用在持续时间和大小上皆变弱。主要有两个方面的

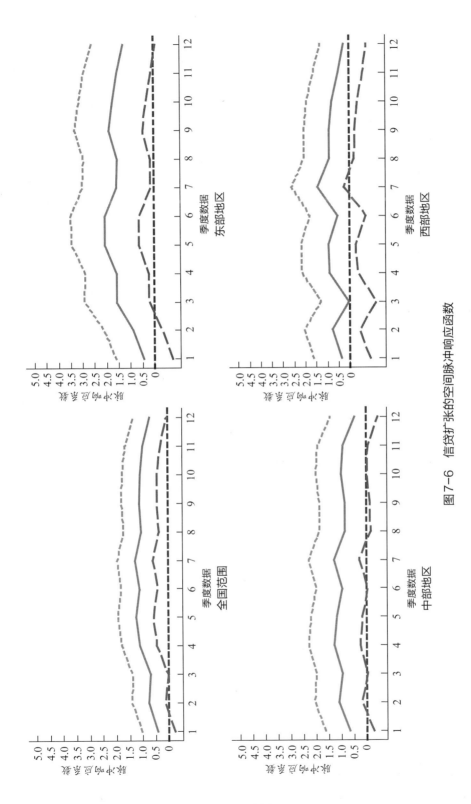

图7-6 信贷扩张的空间脉冲响应函数

原因：第一，忽略了区域房价的相关性造成基于 VAR 计算的脉冲响应函数是不准确的；第二，上述研究皆只在 VAR 框架下考虑单因素与房价的关系，从而高估了各单个因素对房价的影响。因此，本研究在区域房价空间相关的基础上，同时考虑了多个经济因素对房价的影响，所得结论更可靠。

三、不同权重矩阵下估计结果

与第六章相似，我们进一步利用空间距离加权矩阵、经济相邻加权矩阵和经济距离加权矩阵对我国房地产价格进行分析。表7-3至表7-5[①]所示分别为空间相邻加权矩阵、空间距离加权矩阵、经济相邻加权矩阵和经济距离加权矩阵下，我国区域房价时空动态面板数据模型纠偏后的 SDMLE 结果[②]。

表7-3 各空间加权矩阵下全国范围房价的回归结果

	（1）	（2）	（3）	（4）
房价的空间滞后	0.15	0.144 8	0.108 7	0.096 5
	（3.78）	（3.08）	（3.31）	（2.91）
房价的一期滞后	0.540 8	0.584 6	0.548 2	0.573 4
	（21.88）	（23.24）	（21.69）	（23.00）
房价的空间一期滞后	0.104 2	0.026 4	0.062 3	0.015 1
	（2.28）	（0.52）	（1.77）	（0.44）
城镇居民可支配收入	0.043 6	0.050 2	0.051 4	0.059 2
	（2.01）	（2.30）	（2.43）	（2.78）
土地价格	0.027 5	0.025 7	0.026 4	0.026 9
	（4.10）	（3.75）	（4.00）	（4.02）

[①] 西部地区内部各省份之间房价互动关系较弱（空间滞后项回归系数不显著），因而未具体给出西部地区不同加权矩阵下的回归结果。

[②] 笔者也考察了空间距离加权矩阵、经济距离加权矩阵、经济位置加权矩阵分析下中国房地产价格的空间脉冲响应系数，结果与选用空间相邻加权矩阵非常相似，这说明本部分的实证结果是稳健的，由于篇幅问题未给出其图。

	（1）	（2）	（3）	（4）
本年度房屋竣工面积	−0.023 5	−0.023 7	−0.021 4	−0.022 8
	（−2.87）	（−2.85）	（−2.62）	（−2.76）
信贷扩张	0.060 7	0.073 8	0.080 3	0.087 7
	（5.74）	（7.30）	（8.18）	（8.83）
最大似然值	1 357.1	1 356	1 372.8	1 362.9
方差估计值	0.008 1	0.008 4	0.008 1	0.096 5
迭代次数	14	14	16	14

表7-4　各空间加权矩阵下东部地区房价的回归结果

	（1）	（2）	（3）	（4）
房价的空间滞后	0.189 9	0.185 4	0.168 8	0.126 3
	（4.06）	（3.40）	（3.67）	（2.82）
房价的一期滞后	0.690 4	0.661 2	0.690 7	0.678 2
	（18.45）	（18.65）	（18.65）	（18.16）
房价的空间一期滞后	0.007 8	−0.028 9	−0.011 1	−0.021 5
	（0.12）	（−0.47）	（−0.20）	（−0.44）
城镇居民可支配收入	0.027 3	0.038 8	0.041 4	0.047 4
	（0.79）	（1.16）	（1.23）	（1.42）
土地价格	0.010 1	0.009 3	0.009 1	0.010 3
	（0.98）	（0.90）	（0.88）	（0.99）
本年度房屋竣工面积	−0.068 8	−0.069 9	−0.071 7	−0.071 7
	（−3.26）	（−3.45）	（−3.51）	（−3.51）
信贷扩张	0.072 6	0.099 9	0.082 3	0.107
	（3.70）	（4.33）	（4.33）	（5.69）
最大似然值	541.88	546.98	542.66	544.3
方差估计值	0.008 3	0.008 1	0.008 3	0.008 3
迭代次数	16	15	13	17

表7-5　各空间加权矩阵下中部地区房价的回归结果

	（1）	（2）	（3）	（4）
房价的空间滞后	0.165 7	0.085 3	0.144 7	0.071 6
	（2.85）	（1.40）	（2.68）	（1.25）
房价的一期滞后	0.494 6	0.525 9	0.519 8	0.534 4
	（9.88）	（10.83）	（10.86）	（11.20）
房价的空间一期滞后	−0.019 1	−0.025 5	−0.053 7	−0.031 7
	（−0.27）	（−0.35）	（−0.84）	（−0.47）
城镇居民可支配收入	0.092	0.1076	0.0956	0.1098
	（2.40）	（2.79）	（2.50）	（2.84）
土地价格	0.034 9	0.036 3	0.039 2	0.038 3
	（2.87）	（2.90）	（3.27）	（3.09）
本年度房屋竣工面积	−0.012 9	−0.012 8	−0.012 7	−0.012 8
	（−1.32）	（−1.29）	（−1.29）	（−1.28）
信贷扩张	0.076 3	0.089 1	0.081 7	0.090 7
	（4.28）	（5.12）	（4.62）	（5.17）
最大似然值	449.47	444.94	448	444.39
方差估计值	0.006 3	0.006 5	0.006 4	0.006 6
迭代次数	17	12	16	14

比较表7-3至表7-5可知：

（1）在四个不同的加权矩阵下，全国范围和东部地区，房价空间滞后项的回归系数为正且均高度显著，在空间相邻加权矩阵和经济相邻加权矩阵下，中部地区房价空间滞后项的回归系数为正且均高度显著。这说明地理位置特征和社会经济特征均会对区域房价及其空间相关性产生影响。在空间相邻加权矩阵和空间距离加权矩阵下，显著为正的空间相关系数表明地理位置邻近对区域房价产生显著为正的影响，在经济相邻加权矩阵和经济距离加权矩阵下，显著为正的空间相关系数表明社会经济特征相近的地区之间房价具有显著正的影响。

比较四个加权矩阵下，不同地区房价空间滞后项的回归系数，依然是东部地区各省份之间房价相关程度最大。

(2)进一步比较空间滞后项的回归系数发现，无论是全国范围、东部地区还是中部地区，空间相邻权矩阵下与经济相邻加权矩阵下房价的空间相关系数比对应的空间距离加权矩阵下与经济距离加权矩阵下房价的空间相关系数大，即我国区域房价对相邻地区的影响比其他不相邻地区的影响大，这说明相邻地区间房价的相互影响程度更大(从而采用地理位置加权矩阵分析我国区域房价的互动关系是合适的)，这可能是因为不相邻地区间距离较远，从而信息的传递需要一定的时间。空间相邻加权矩阵下与空间距离加权矩阵下房价的空间相关系数比对应的经济相邻加权矩阵下与经济距离加权矩阵下房价的空间相关系数大，即有相似经济特征的地区间房价相互影响程度比经济特征不相似的地区间房价相互影响程度小，在一个经济冲击下，具有相似经济特征的地区间房价往往是同时变动的，从而它们之间的相关程度相对会较小些，而经济较为发达地区的房价对经济欠发达地区的房价有辐射作用。

(3)在四个不同的加权矩阵下，无论是全国范围、东部地区还是中部地区，房价一期滞后项的回归系数均为正，且均高度显著，这说明我国房地产价存在时间滞后效应。影响房价的其他因素的回归系数值在四个不同的加权矩阵下也非常相似，且都高度显著。

以上所有结论与第六章对应部分的分析结论十分相似，这些都表明我们的分析结果是可靠的。

第五节　稳健性检验

在本章第二节中，我们考虑了我国房价区域互动的个体效应时空动态面板数据模型，个体效应模型认为房价会与个体单位有关，现实生活中房价可能不只与不同单位有关，而且可能与不同时间也有关（如 Wallace and Hussain，1969；

Nerlove，1971；Amemiya，1971），从而本节我们进一步考虑我国房价区域互动的时间个体效应时空动态面板数据模型。

一、检验方法

(一)检验模型

时间个体效应时空动态面板数据模型的模型形式如下：

$$P_t = \lambda_0 W_n P_t + \gamma_0 P_{t-1} + \rho_0 W_n P_{t-1} + X\beta_0 + c_0 + \alpha_{t_0}l_n + V_t \tag{7-13}$$

式中：α_t 为时间固定效应标量，l_n 为 $n \times 1$ 维单位向量，其余皆与个体效应时空动态面板数据模型相同。

定义 $S_n \equiv S_n(\lambda_0) = I_n - \lambda_0 W_n$，假设 S_n 为可逆矩阵并记 $A_n = S_n^{-1}(\gamma_0 I_n + \rho_0 W_n)$，那么式(7-13)可写为

$$P_t = A_n P_{t-1} + S_n^{-1} X_t \beta_0 + S_n^{-1} c_0 + \alpha_{t_0} S_n^{-1} l_n + S_n^{-1} V_t \tag{7-14}$$

对式(7-13)可采用两种方法来估计，第一种为直接估计(与本章第二节的估计方法相似)，显然直接估计得到的 DSMLE 估计量会产生两个偏误，为了避免时间效应的引入而带来的偏误，也可先通过数据变换消除时间效应，然后再利用 SDMLE 估计得到数据转换后的估计结果，具体方法见下面部分。

(二)直接估计

与上面相似，为了表示方便，我们记 $\theta = (\delta', \lambda, \sigma^2)'$、$\zeta = (\delta', \lambda, c')'$，其中 $\delta = (\gamma, \rho, \beta')'$，在真实值处 $\theta_0 = (\delta_0', \lambda_0, \sigma_0^2)'$、$\zeta_0 = (\delta_0', \lambda_0, c_0')'$，其中 $\delta_0 = (\gamma_0, \rho_0, \beta_0')'$，$\alpha_T = (\alpha_1, \alpha_2, \cdots, \alpha_T)'$ 表示时间效应，$\tilde{P}_t = P_t - \bar{P}_T$，$\tilde{P}_{t-1} = P_{t-1} - \bar{P}_{t-1}$，其中，$\bar{P}_T = \frac{1}{T}\sum_{t=1}^{T} P_t$，$\bar{P}_{t-1} = \frac{1}{T}\sum_{t=1}^{T} P_{t-1}$，$\tilde{X}_t = X_t - \bar{X}_T$，$\tilde{V}_t = V_t - \bar{V}_T$，$Z_t = (P_{t-1}, W_n P_{t-1}, X_t)$。那么似然函数可写为

$$\ln L_{n,T}^d(\theta, c, \alpha_T) = -\frac{nT}{2}\ln 2\pi - \frac{nT}{2}\ln \sigma^2 + T\ln|S_n(\lambda)|$$
$$-\frac{1}{2\sigma^2}\sum_{t=1}^{T} V_t'(\theta, c, \alpha_T) V_t(\theta, c, \alpha_T) \tag{7-15}$$

其中：$V_t(\zeta) = S_n(\lambda)P_t - Z_t\delta - c - \alpha_t l_n$。

我们可以利用中心化的极大似然估计法来估计 θ，首先通过中心化消去参数中的时间固定效应 α_T 及个体固定效应 c。中心化后时间固定效应 α_T 及个体固定效应 c 的似然函数为

$$\ln L_{n,T}^d(\theta, c) = -\frac{nT}{2}\ln 2\pi - \frac{nT}{2}\ln \sigma^2 + T\ln|S_n(\lambda)| - \frac{1}{2\sigma^2}\sum_{t=1}^{T}\tilde{V}_t'(\theta)J_n\tilde{V}_t(\theta) \quad (7\text{-}16)$$

最大化中心化的似然函数式（7-16）可得到 θ_0 的动态空间极大似然估计量 $\hat{\theta}_{nt}$。为了最大化中心化后的似然函数式（7-16），需得它的一阶偏导和二阶偏导。一阶偏导为

$$\frac{1}{\sqrt{nT}}\frac{\partial \ln L_{n,T}^d(\theta)}{\partial \theta} = \begin{pmatrix} \dfrac{1}{\sigma^2}\dfrac{1}{\sqrt{nT}}\sum_{t=1}^{T}(J_n\tilde{Z}_t)'\tilde{V}_t(\theta) \\[2ex] \dfrac{1}{\sigma^2}\dfrac{1}{\sqrt{nT}}\sum_{t=1}^{T}((J_nW_n\tilde{Y}_t)'\tilde{V}_t(\theta) - \mathrm{tr}(G_n(\lambda))) \\[2ex] \dfrac{1}{2\sigma^4}\dfrac{1}{\sqrt{nT}}\sum_{t=1}^{T}(\tilde{V}_t'(\theta)J_n\tilde{V}_t(\theta) - n\sigma^2) \end{pmatrix}$$

二阶偏导为

$$\frac{1}{\sqrt{nT}}\frac{\partial^2 \ln L_{n,T}^d(\theta)}{\partial\theta\partial\theta'}$$

$$= -\frac{1}{nT}\begin{pmatrix} \dfrac{1}{\sigma^2}\sum_{t=1}^{T}\tilde{Z}_t'J_n\tilde{Z}_t & \dfrac{1}{\sigma^2}\sum_{t=1}^{T}\tilde{Z}_t'J_nW_n\tilde{P}_t & \dfrac{1}{\sigma^4}\sum_{t=1}^{T}\tilde{Z}_t'J_n\tilde{V}_t(\theta) \\[2ex] * & \dfrac{1}{\sigma^2}\sum_{t=1}^{T}((W_n\tilde{Y}_t)'J_nW_n\tilde{Y}_t + \mathrm{tr}(G_n^2(\lambda))) & \dfrac{1}{\sigma^4}\sum_{t=1}^{T}(W_n\tilde{Y}_t)'J_nV_t'(\theta) \\[2ex] * & * & -\dfrac{nT}{2\sigma^4} + \dfrac{1}{\sigma^6}\sum_{t=1}^{T}\tilde{V}_t'(\theta)J_n\tilde{V}_t(\theta) \end{pmatrix}$$

其中：$G_n(\lambda) = W_n S_n^{-1}(\lambda)$。

Lee and Yu（2010a）考察了 θ_0 的动态空间类极大似然估计量 $\hat{\theta}_{nt}$ 的渐近性质，发现上面方法估计出来的 $\hat{\theta}_{nt}$ 是有偏的，偏误为 $\dfrac{-1}{T}b_{\theta_0,nT,1}$ 和 $\dfrac{-1}{T}b_{\theta_0,nT,2}$，且：

$$b_{\theta_0,nT,1} = \left(\Sigma_{\theta_0,nT}^d\right)^{-1}\cdot a_{\theta_0,n,T}$$

$$\boldsymbol{b}_{\theta_0,nT,2} = \left(\textstyle\sum_{\theta_0,nT}^{d}\right)^{-1} \cdot \boldsymbol{a}_{\theta_0,2}$$

其中：$\sum_{\theta_0,nT}^{d} = -E\left(\dfrac{1}{nT}\dfrac{\partial^2 \ln L_{nT}^d(\theta_0)}{\partial\theta\partial\theta'}\right)$；

$$\boldsymbol{a}_{\theta_0,n,1} = \begin{pmatrix} \dfrac{1}{n}\mathrm{tr}((\boldsymbol{J}_n\sum_{h=0}^{\infty}\boldsymbol{A}_n^h)\boldsymbol{S}_n^{-1}) \\[2mm] \dfrac{1}{n}\mathrm{tr}(\boldsymbol{W}_n(\boldsymbol{J}_n\sum_{h=0}^{\infty}\boldsymbol{A}_n^h)\boldsymbol{S}_n^{-1}) \\[2mm] 0 \\[2mm] \dfrac{1}{n}\gamma_0\mathrm{tr}(\boldsymbol{G}_n(\boldsymbol{J}_n\sum_{h=0}^{\infty}\boldsymbol{A}_n^h)\boldsymbol{S}_n^{-1}) + \dfrac{1}{n}\rho_0\mathrm{tr}(\boldsymbol{G}_n\boldsymbol{W}_n(\boldsymbol{J}_n\sum_{h=0}^{\infty}\boldsymbol{A}_n^h)\boldsymbol{S}_n^{-1}) + \dfrac{1}{n}\mathrm{tr}\boldsymbol{G}_n \\[2mm] \dfrac{n-1}{n}\dfrac{1}{2\sigma_0^2} \end{pmatrix};$$

$$\boldsymbol{a}_{\theta_0,2} = \left(0,\dfrac{1}{1-\lambda_0},\dfrac{1}{2\sigma_0^2}\right)';$$

Lee 和 Yu（2010a）进一步根据动态空间类极大似然估计量的偏误，得到了一个偏纠正估计量：

$$\hat{\theta}_{nT}^{d1} = \theta_{nT}^d - \frac{1}{T}\hat{B}_{1,nT} - \frac{1}{n}B_{2,nT}$$

其中：$\hat{B}_{1,nT} = \left[-\left(\textstyle\sum_{\theta_0,nT}^{d}\right)^{-1}\cdot a_{\theta,n,1}\right]\Big|_{\theta=\hat{\theta}_{nT}^d}$，$B_{1,nT} = \left[-\left(\textstyle\sum_{\theta,nT}^{d}\right)^{-1}\cdot a_{\theta,2}\right]\Big|_{\theta=\hat{\theta}_{nT}^d}$。

（三）数据变换估计

记 $\boldsymbol{J}_n = \boldsymbol{I}_n - \dfrac{1}{n}\boldsymbol{l}_n\boldsymbol{l}_n'$ 为组均值离差变换，因为 $\boldsymbol{I}_n = \boldsymbol{J}_n + \dfrac{1}{n}\boldsymbol{l}_n\boldsymbol{l}_n'$ 且 $\boldsymbol{W}_n\boldsymbol{l}_n = \boldsymbol{l}_n$，我们有：$\boldsymbol{J}_n\boldsymbol{W}_n = \boldsymbol{J}_n\boldsymbol{W}_n(\boldsymbol{J}_n + \dfrac{1}{n}\boldsymbol{l}_n\boldsymbol{l}_n') = \boldsymbol{J}_n\boldsymbol{W}_n\boldsymbol{J}_n$，又 $\boldsymbol{J}_n\boldsymbol{W}_n\boldsymbol{l}_n = \boldsymbol{J}_n\boldsymbol{l}_n = 0$，从而对式（7-13）两边同时做组均值离差变换，可得：

$$\boldsymbol{J}_n\boldsymbol{P}_t = \lambda_0(\boldsymbol{J}_n\boldsymbol{W}_n)(\boldsymbol{J}_n\boldsymbol{P}_t) + \gamma_0\boldsymbol{J}_n\boldsymbol{P}_{t-1} + \rho_0(\boldsymbol{J}_n\boldsymbol{W}_n)(\boldsymbol{J}_n\boldsymbol{P}_{t-1}) + (\boldsymbol{J}_n\boldsymbol{X}_t)\boldsymbol{\beta}_0 + \boldsymbol{J}_n\boldsymbol{c}_0 + \boldsymbol{J}_n\boldsymbol{V}_t \qquad (7\text{-}17)$$

式（7-17）中不再包含时间效应，$\boldsymbol{J}_n\boldsymbol{c}_0$ 为转换后的个体固定效应，从而我们可以利用转换后的式（7-17）来估计 θ_0 和 $\boldsymbol{J}_n\boldsymbol{c}_0$。转换后的方程式（7-17）有一个特

殊的特征，残差项 J_nV_t 的方差矩阵为 $\sigma_0^2 J_n$[①]，它的秩为 $n-1$[②]，从而 J_nV_t 是奇异的，即 J_nV_t 中的元素存在一个线性相关关系。一个有效的估计方法必须消除样本观测值的线性相关问题，样本观测值的线性相关问题可通过广义逆理论中的特征值与特征向量分解来解决。

由于 J_n 是一个秩为 $n-1$ 的对称幂等矩阵，从而 J_n 的特征值为0和1，且 J_n 有 $n-1$ 个特征值为1，有1个特征值为0，特征值0所对应的特征向量与 l_n 呈比例关系。用 $(F_{n,n-1}, l_n/\sqrt{n})$ 表示 J_n 的标准正交特征向量矩阵，其中 $F_{n,n-1}$ 对应特征值为1的特征向量，$l_n/\sqrt{n}$ 对应特征值为0的特征向量。为了消除 J_nV_t 中的线性相关，我们将 J_nP_t 转换为 P_t^*，其中 $P_t^* = F'_{n,n-1}J_nP_t$（$n-1$ 维向量），由于 $J_nW_n = J_nW_n(F'_{n,n-1}F_{n,n-1} + \frac{1}{n}l'_nl_n) = J_nW_nF'_{n,n-1}F_{n,n-1}$，从而可进一步将式（7-17）转换为

$$P_t^* = \lambda_0 W_n^* P_t^* + \gamma_0 P_{t-1}^* + \rho_0 W_n^* P_{t-1}^* + X_t^* \beta + c_0^* + V_t^* \tag{7-18}$$

其中：$P_t^* = F'_{n,n-1}J_nP_t$，$X_t^* = F'_{n,n-1}J_nX_t$，$c_0^* = F'_{n,n-1}J_nc_0$，$V_t^* = F'_{n,n-1}J_nV_t$，$W_n^* = F'_{n,n-1}J_nW_nF_{n,n-1} = F'_{n,n-1}W_nF_{n,n-1}$，$V_t^*$ 为 $n-1$ 维误差向量，且 $E(V_t^*) = 0$，$\text{var}(V_t^*) = \sigma_0^2 I_{n-1}$。根据 W_n^* 和 V_t^* 的性质，可将 P_t^* 的似然函数转换为 P_t 表示的似然函数：

$$\ln L_{n,T}(\theta, c) = -\frac{(n-1)T}{2}\ln 2\pi - \frac{(n-1)T}{2}\ln\sigma^2 - T\ln(1-\lambda) \\ + T\ln|I_n - \lambda W_n| - \frac{1}{2\sigma^2}\sum_{t=1}^{T}V_t'(\theta)J_nV_t(\theta) \tag{7-19}$$

因此，我们既可以在参数空间最大化式（7-16），也可以在参数空间最大化式（7-19）得到参数的极大似然估计值 $\hat{\theta}_{nt}$ 和 $\hat{c}_{nt}$。对于式（7-16）的处理前面已有介绍，此处我们介绍如何利用式（7-19）寻找参数的极大似然估计值 $\hat{\theta}_{nt}$ 和 $\hat{c}_{nt}$，同上我们首先通过 c 的一阶条件中心化式（7-19）可得：

....

① $\text{var}(J_nV_t) = J_n\text{var}(V_t)J_n' = \sigma_0^2 J_nJ_n' = \sigma_0^2 J_n$。

② J_n 的秩为 $n-1$ 是因为 J_n 是一个迹为 $n-1$ 的对称幂等矩阵。

$$\ln L_{n,T}(\theta) = -\frac{(n-1)T}{2}\ln 2\pi - \frac{(n-1)T}{2}\ln\sigma^2 - T\ln(1-\lambda)$$

$$+ T\ln|I_n - \lambda W_n| - \frac{1}{2\sigma^2}\sum_{t=1}^{T}\tilde{V}_t'(\theta)J_n\tilde{V}_t(\theta) \tag{7-20}$$

其中：$\tilde{V}_t(\theta) = (I_n - \lambda W_n)\tilde{P}_t - \tilde{Z}_t\delta - \tilde{\alpha}_t I_n$，$J_n\tilde{V}_t(\theta) = J_n[(I_n - \lambda W_n)\tilde{P}_t - \tilde{Z}_t\delta]$，最大化中心化的似然函数 (7-20) 可得到 θ_0 的空间动态极大似然估计量（DSMLE），将 $\hat{\theta}_{nt}$ 代入 $\hat{c}_{nt}(\theta)$ 中可得 c_0 的动态空间极大似然估计量 $\hat{c}_{nt}(\hat{\theta}_{nt})$。为了最大化中心化后的似然函数式 (7-20)，需得它的一阶偏导和二阶偏导。一阶偏导为

$$\frac{1}{\sqrt{nT}}\frac{\partial \ln L_{n,T}(\theta)}{\partial \theta} = \begin{pmatrix} \frac{1}{\sigma^2}\frac{1}{\sqrt{nT}}\sum_{t=1}^{T}(J_n\tilde{Z}_t)'\tilde{V}_t(\theta) \\ \frac{1}{\sigma^2}\frac{1}{\sqrt{nT}}\sum_{t=1}^{T}((J_nW_n\tilde{Y}_t)'\tilde{V}_t(\theta) - T\mathrm{tr}(G_n(\lambda)) + \frac{T}{1-\lambda} \\ \frac{1}{2\sigma^4}\frac{1}{\sqrt{nT}}\sum_{t=1}^{T}(\tilde{V}_t'(\theta)J_n\tilde{V}_t(\theta) - (n-1)\sigma^2) \end{pmatrix}$$

二阶偏导为

$$\frac{1}{\sqrt{nT}}\frac{\partial^2 \ln L_{n,T}(\theta)}{\partial\theta\partial\theta'}$$

$$= -\frac{1}{nT}\begin{pmatrix} \frac{1}{\sigma^2}\sum_{t=1}^{T}\tilde{Z}_t'J_n\tilde{Z}_t & \frac{1}{\sigma^2}\sum_{t=1}^{T}\tilde{Z}_t'J_nW_n\tilde{P}_t & \frac{1}{\sigma^4}\sum_{t=1}^{T}\tilde{Z}_t'J_n\tilde{V}_t(\theta) \\ * & \frac{1}{\sigma^2}\sum_{t=1}^{T}((W_n\tilde{Y}_t)'J_nW_n\tilde{Y}_t + T\mathrm{tr}(G_n^2(\lambda)) - \frac{T}{(1-\lambda)^2} & \frac{1}{\sigma^4}\sum_{t=1}^{T}(W_n\tilde{Y}_t)'J_n V_t'(\theta) \\ * & * & -\frac{(n-1)T}{2\sigma^4} + \frac{1}{\sigma^6}\sum_{t=1}^{T}\tilde{V}_t'(\theta)J_n\tilde{V}_t(\theta) \end{pmatrix}$$

Lee 和 Yu（2010a）考察了 θ_0 的空间动态极大似然估计量 $\hat{\theta}_{nt}$ 的渐近性质，发现上面方法估计出来的 $\hat{\theta}_{nt}$ 是有偏的，偏误为 $\frac{-1}{T}b_{\theta_0,nT}$ 且

$$b_{\theta_0,nT} = \Sigma_{\theta_0,nT}^{-1} \cdot a_{\theta_0,n}$$

其中：$\Sigma_{\theta_0,nT} = -E\left(\frac{1}{nT}\frac{\partial^2 \ln L_{n,T}(\theta_0)}{\partial\theta\partial\theta'}\right)$

$$\boldsymbol{a}_{\theta_0,n} = \begin{pmatrix} \dfrac{1}{n-1}\mathrm{tr}((\boldsymbol{J}_n\sum_{h=0}^{\infty}\boldsymbol{A}_n^h)\boldsymbol{S}_n^{-1}) \\[3mm] \dfrac{1}{n-1}\mathrm{tr}(\boldsymbol{W}_n(\boldsymbol{J}_n\sum_{h=0}^{\infty}\boldsymbol{A}_n^h)\boldsymbol{S}_n^{-1}) \\[3mm] 0 \\[3mm] \dfrac{1}{n-1}\gamma_0\mathrm{tr}(\boldsymbol{G}_n(\boldsymbol{J}_n\sum_{h=0}^{\infty}\boldsymbol{A}_n^h)\boldsymbol{S}_n^{-1}) + \dfrac{1}{n-1}\rho_0\mathrm{tr}(\boldsymbol{G}_n\boldsymbol{W}_n(\boldsymbol{J}_n\sum_{h=0}^{\infty}\boldsymbol{A}_n^h)\boldsymbol{S}_n^{-1}) + \dfrac{1}{n-1}\mathrm{tr}\boldsymbol{G}_n \\[3mm] \dfrac{1}{2\sigma_0^2} \end{pmatrix}$$

Lee 和 Yu（2010a）进一步根据空间动态极大似然估计量的偏误，得到了一个偏纠正估计量：

$$\hat{\theta}_{nT}^1 = \theta_{nT} - \frac{1}{T}\hat{B}_{nT}$$

其中：$\hat{B}_{nT} = \left[-\sum_{\theta_0,nT}^{-1}\cdot\boldsymbol{a}_{\theta,n}\right]_{\theta=\hat{\theta}_{nT}}$

二、检验结果

表7-6所示为全国范围房价时间个体效应时空动态面板数据模型的动态空间极大似然估计结果。表7-6中，(1)、(2)为对数据进行转换后的估计结果,(3)、(4)为直接估计的结果，其中回归结果(1)、(3)为纠偏前的估计结果，(2)、(4)为纠偏后的估计结果。

比较表7-6中(1)、(2)和(3)、(4)房价空间滞后项的回归系数可知，直接估计纠偏前后的偏差(0.059)比数据转换估计纠偏前后的偏差(0.003)大很多，很显然这是因为直接估计存在两个偏差，而数据变化后只存在一个偏差。比较(2)和(4)的极大似然估计值(分别为1 172和1 106.7)发现，数据变化纠偏估计对模型的拟合比直接纠偏估计要好，所以此处选用数据变化纠偏估计结果分析全国范围房价的区域互动关系。由(2)的结果可得，考虑了时间个体效应后全国范围内房价空间滞后项的回归系数为0.136，即周边地区的房价变动1%，该地区的房价变动0.136%，房价一期滞后项的回归系数为0.479 4，即该地区上一期房价变动1%，该地区本期房价变动0.479 4%，这说明全国范围内房价的时间滞后效应与空间滞后效应存在。城镇居民可支配收入与土地价格的回归系数为正且高度显著，表明城镇居民可支配收入与土地价格的变化对全国房价有显著正的影响，本期房屋竣工面积的回归系数显著为负，说明若本期能提供更多房屋，房价将降低。

表7-6　全国范围内房价时间个体效应时空相关分析结果

	（1）	（2）	（3）	（4）
房价的空间滞后	0.139	0.136	0.062	0.121 3
	（3.05）	（3.00）	（1.49）	（2.98）
房价的一期滞后	0.441 8	0.479 4	0.448	0.481 6
	（16.34）	（17.49）	（16.88）	（17.63）
房价的空间一期滞后	0.113	0.104 5	0.141 3	0.103 9
	（2.02）	（1.83）	（2.63）	（1.87）
城镇居民可支配收入	0.187 9	0.182 4	0.193 3	0.186 6
	（3.83）	（3.67）	（4.01）	（3.76）
土地价格	0.026 7	0.025 4	0.027 1	0.025 7
	（3.77）	（3.54）	（3.89）	（3.58）
本年度房屋竣工面积	−0.026 8	−0.025 7	−0.027 5	−0.026 1
	（−3.77）	（−3.57）	（−3.94）	（−3.63）
信贷扩张	−0.011 3	−0.012 7	−0.013 4	−0.014 1
	（−1.33）	（−1.48）	（−1.60）	（−1.64）
最大似然值	1 173.1	1 172	1 052.7	1 106.7
方差估计值	0.010 9	0.011 2	0.010 6	0.011 2
迭代次数	30	30	14	14

表7-7所示为东部地区房价时间个体效应时空动态面板数据模型的动态空间极大似然估计结果。表7-7中，(1)、(2)为对数据进行转换后的估计结果，(3)、(4)为直接估计的结果，其中回归结果(1)、(3)为纠偏前的估计结果，(2)、(4)为纠

偏后的估计结果。

表7-7　东部地区房价时间个体效应时空相关分析结果

	（1）	（2）	（3）	（4）
房价的空间滞后	0.131	0.132 5	0.000 1	0.085 4
	（2.19）	（2.24）	（0.00）	（1.74）
房价的一期滞后	0.573 9	0.616 3	0.582 7	0.622 7
	（14.18）	（15.00）	（15.10）	（15.30）
房价的空间一期滞后	0.049 2	0.044 9	0.097 2	0.045 9
	（0.58）	（0.51）	（1.25）	（0.56）
城镇居民可支配收入	0.024 4	0.021	0.039	0.039 6
	（0.30）	（0.25）	（0.50）	（0.48）
土地价格	−0.012 4	−0.013 6	−0.011 6	−0.013
	（−1.18）	（−1.26）	（−1.16）	（−1.23）
本年度房屋竣工面积	−0.038 1	−0.034 9	−0.037 3	−0.034 1
	（−2.20）	（−1.99）	（−2.25）	（−1.95）
信贷扩张	−0.015 1	−0.016 4	−0.019 3	−0.021 1
	（−0.69）	（−0.74）	（−0.93）	（−0.96）
最大似然值	467.3	466.67	192.81	310.65
方差估计值	0.009 8	0.010 1	0.008 9	0.009 9
迭代次数	30	30	17	17

　　比较表7-7中（1）、（2）和（3）、（4）房价空间滞后项的回归系数可知，直接估计纠偏前后的偏差（0.085）比数据转换估计纠偏前后的偏差（0.002）大很多。比较（2）和（4）的极大似然估计值（分别为466.67和310.65）发现，数据变化后的纠偏估计对模型的拟合比直接估计拟合的要好，所以此处选用数据变化后纠偏估计结果分析东部地区房价的区域互动关系。由（2）的结果可得，考虑了时间个体效应后东部地区房价空间滞后项的回归系数为0.132 5，即周边地区的房屋价格变动1%，该地区的房屋价格变动0.132 5%，房价一期滞后项的回归系数

为0.616 3，即该地区上一期房价变动1%，该地区的房屋价格变动0.616 3%，其他影响因素中只有本期房屋竣工面积的回归系数显著为负，这说明东部地区对房屋的需求量大、供给不足且东部地区房地产市场存在泡沫风险。

表7-8所示为中部地区房价时间个体效应时空动态面板数据模型的动态空间极大似然估计结果。表7-8中，(1)、(2)为对数据进行转换后的估计结果，(3)、(4)为直接估计的结果，其中回归结果(1)、(3)为纠偏前的估计结果，(2)、(4)为纠偏后的估计结果。

表7-8　中部地区房价时间个体效应时空相关分析结果

	（1）	（2）	（3）	（4）
房价的空间滞后	0.113	0.114	0.042	0.179 3
	（3.11）	（3.14）	（0.67）	（3.05）
房价的一期滞后	0.396 6	0.432 6	0.398 1	0.435 3
	（7.61）	（8.18）	（8.13）	（8.34）
房价的空间一期滞后	−0.064 6	−0.077 6	0.001 7	−0.061 3
	（−0.68）	（−0.79）	（0.02）	（−0.67）
城镇居民可支配收入	0.501 5	0.480 6	0.472 2	0.46
	（3.47）	（3.28）	（3.49）	（3.19）
土地价格	0.035 8	0.034 4	0.036 5	0.035
	（2.80）	（2.65）	（3.04）	（2.74）
本年度房屋竣工面积	−0.012	−0.012 5	−0.013 7	−0.013 6
	（−1.17）	（−1.20）	（−1.42）	（−1.32）
信贷扩张	0.062 4	0.061 5	0.059 5	0.061 3
	（2.93）	（2.84）	（2.97）	（2.87）
最大似然值	406.98	406.68	375.31	348.39
方差估计值	0.006 1	0.006 3	0.005 4	0.006 1
迭代次数	30	30	14	14

比较表7-8中(1)、(2)和(3)、(4)房价空间滞后项的回归系数可知，直接估

计纠偏前后的偏差(0.137)比数据转换估计纠偏前后的偏差(0.001)大很多。比较(2)和(4)的极大似然估计值(分别为406.68和348.39)发现，数据变化后的纠偏估计对模型的拟合比直接估计拟合的要好，所以此处选用数据变化后纠偏估计结果分析中部地区房价的区域互动关系。由(2)的结果可得，考虑了时间个体效应后中部地区房价空间滞后项的回归系数为0.114，即周边地区的房屋价格变动1%，该地区的房屋价格变动0.114%，房价一期滞后项的回归系数为0.432 6，即该地区上一期房价变动1%，该地区的房屋价格变动0.432 6%，这说明在中部地区内房价的时间滞后效应与空间滞后效应存在。城镇居民可支配收入、土地价格和信贷扩张的回归系数为正且高度显著，这表明城镇居民可支配收入、土地价格与信贷的变化对中部地区房价有显著的正的影响，本期房屋竣工面积的回归系数不显著，说明本期中部地区房屋供给比较充足，而信贷成为影响房价的一个重要因素。

表7-9所示为西部地区房价时间个体效应时空动态面板数据模型的动态空间极大似然估计结果。表7-9中，(1)、(2)为对数据进行转换后的估计结果，(3)、(4)为直接估计的结果，其中回归结果(1)、(3)为纠偏前的估计结果，(2)、(4)为纠偏后的估计结果。

比较表7-9中(1)、(2)和(3)、(4)房价空间滞后项的回归系数可知，直接估计纠偏前后的偏差(0.163)比数据转换估计纠偏前后的偏差(0.002)大很多。比较(2)和(4)的极大似然估计值(分别为356.34和343.99)发现，数据变化后的纠偏估计对模型的拟合比直接估计拟合的要好，所以此处选用数据变化后纠偏估计结果分析西部地区房价的区域互动关系。由(2)的结果可得，考虑了时间效应后西部地区房价空间滞后项的回归系数为0.052，但此时回归系数不显著，这说明在西部地区房价之间的互动关系不显著，房价一期滞后项的回归系数为0.436 9，即该地区上一期房价变动1%，该地区的房屋价格变动0.436 9%，这说明在西部地区内房价的时间滞后效应存在。城镇居民可支配收入、土地价格和信贷扩张的回归系数为正且高度显著，这表明城镇居民可支配收入、土地价格与信贷的变化对西部地区房价有显著的正的影响,本期竣工面积的回归系数不显著,说明本期西部地区房屋供给比较充足,而信贷扩张成为影响房价的一个重要因素。

表7-9　西部房价时间个体效应时空相关分析结果

	（1）	（2）	（3）	（4）
房价的空间滞后	0.057	0.055 2	0.000 1	0.163 8
	（0.69）	（0.67）	（0.00）	（2.51）
房价的一期滞后	0.405 6	0.436 9	0.406 6	0.434 4
	（10.32）	（10.97）	（8.86）	（8.86）
房价的空间一期滞后	−0.050 9	−0.055 1	−0.019 5	−0.097 2
	（−0.61）	（−0.64）	（−0.23）	（−1.11）
城镇居民可支配收入	0.144 5	0.136 4	0.145 2	0.135 3
	（2.17）	（2.02）	（1.86）	（1.62）
土地价格	0.052 4	0.051	0.052 5	0.051 9
	（4.99）	（4.79）	（4.27）	（3.96）
本年度房屋竣工面积	0.003 8	0.004 2	0.003 5	0.003 9
	−0.27	−0.29	−0.21	−0.22
信贷扩张	0.086 3	0.083 1	0.087 9	0.084 7
	（4.03）	（3.83）	（3.51）	（3.17）
最大似然值	356.61	356.34	342.59	343.99
方差估计值	0.01	0.01	0.01	0.008 6
迭代次数	30	30	19	19

值得一提的是,在时间个体效应时空动态面板数据模型估计(表7-6至表7-9中的结果)中,同时考虑房地产价格的地区差异和时期影响,避免了由于时间和地区差异而造成的估计结果偏差,应该能更好地反映现实情况。但将其与表7-1中的估计结果比较发现,其拟合效果比个体效应时空动态面板数据模型差。事实上,个体效应体现的是区位变化的背景变量对房价稳态水平的影响,

而时间效应体现的是时间变化的背景变量对房价稳态水平的影响。前者的影响毋庸置疑，但后者的影响不仅表现在当期，还会持续到后继时期。因此，时间个体效应模型的估计结果反而不如个体效应模型理想也就在情理之中了。

时间个体效应模型下，房价的扩散效应与个体效应模型的结论非常相似，此处不再赘述。

第六节　本章小结

本部分首先运用时空动态面板数据模型，考察2002年第一季度至2010年第三季度全国范围及东、中、西部地区区域房价的时空联动关系。实证结果表明，全国范围及东、中部地区区域房价时间、空间滞后效应显著存在(即一个地区的房价既受相邻地区房价的影响，又受该地区上一期房价的影响)，但西部地区空间滞后效应已不显著，进一步比较发现东部地区房价时间、空间滞后效应最强，且基本上不受其他因素(除了本期房屋竣工面积)的影响，而中、西部地区房价由这些因素共同决定。

然后，我们利用局部线性投影法探讨了东、中、西部地区区域房价时间、空间扩散效应的异同。从空间脉冲响应函数来看，在东部地区内，相邻地区房地产价格变动对该地区房价的影响会持续3个季度，上一期房价变动对该地区房价的影响将持续6个季度；在中部地区内，相邻地区房地产价格变动对该地区未来房价不会产生显著影响，上一期房价变动对该地区房价的影响将持续5个季度左右，而在西部地区内，相邻地区房地产价格变动对该地区房价不会产生显著影响，上一期房价变动对该地区房价的影响将持续2个季度左右。

与传统面板数据模型相比，区域房价时空动态面板数据模型同时包含了时间与空间滞后效应，根据 Pace 和 LeSage (2010)知，估计结果更为可靠；与传统脉冲响应函数相比，空间脉冲响应函数可同时得到多因素的扩散效应，且在考虑了房价区域相关后，体现经济基本面的各变量对房价的影响在时间长度和大小程度上皆变弱。

最后，现实生活中房价可能不只与不同单位有关，而且可能与不同时间也有关，从而我们进一步考虑我国房价区域互动的时间个体效应时空动态面板数据模型。其回归结果与我国房地产价格的个体效应时空动态面板数据模型的分析结果十分接近。从而时间个体效应模型下，房价的扩散效应结果与个体效应模型的结论非常相似，这也表明本章的分析结果是可靠的。

第八章　城镇化过程中房地产价格的
空间效应分析

第一节　引言与文献综述

新型城镇化建设是中国经济发展的"中长期动力"和国家战略，改革开放以来，我国城镇化发展迅速，2002—2012年，我国城镇化率以平均每年2.73%的速度发展，城镇人口平均每年增长2 097万人，2012年，城镇人口比重达到52.57%，比2002年上升了13.48个百分点，城镇人口达71 182万人，比2002年增加了20 970万人。根据《中国发展报告2010》的预测分析，我国将用20年时间解决"半城市化"的问题，从2010—2030年每年将有2 000万中国农民向市民转换，势必增强对城市住房市场的刚性需求，导致城市房地产价格的平稳上升。

学界长期以来致力于房地产价格影响因素的研究，分别从经济增长、居民收入、房屋供给、宏观政策、土地价格及资本获得和财政依赖(Sutton，2002；Harter-Dreiman，2004；Posedel and Vizek，2010；Dumm et al.，2012；平新乔和陈敏彦，2004；周京奎，2005；严金海，2006；梁云芳和高铁梅，2007；董志勇等，2010；况伟大，2012；王鹤等，2014)等方面进行分析研究。

近年来，学界开始就城镇化与房地产价格的关系进行了探讨，主要包括三个方面的内容：

一是考虑城镇化与房地产价格的因果关系，这类文献的实证结果基本表明城镇化是引致房地产价格变化的原因。陈石清和朱玉林(2008)运用 Johansen 协整检验与 Granger 因果关系检验发现，中国城市化水平与中国房地产价格存在长期稳定的正向变动关系，且城镇化水平的提高是房地产价格上升的 Granger 原因。另外，范晓萍(2011)通过 EBA 模型对我国住宅价格和城镇化的关系做了先验性检验，发现现阶段城镇化水平提高会引起商品住宅价格的上涨。谢福泉和黄俊晖(2013)同样认为城镇化水平与房地产需求、供给都存在显著的正向相关关系，同时也带动房地产行业从业人数增加和房地产价格上升。

二是考虑城镇化影响房地产价格的机理，认为城镇化水平的提高将通过多种途径促进房地产价格的上涨。程利敏(2013)从人口学和社会学角度指出农业人口转化为城市人口、农村生活方式转变为城市生活方式都将促进房地产价格的上涨。陈彦斌和陈小亮(2013)、董正信和刘全智(2013)认为大量农村人口转移到城镇所形成的住房刚性需求将导致房价的上涨。王立平(2013)运用极值边界分析模型发现人口与居民收入增长所形成的刚性需求依然是影响房地产价格的"稳健性"因素。朱磊(2007)从城市化发展速度与阶段角度分析了快速城市化引致房地产价格上涨的传导机制。Glaeser 和 Gyourko (2002)、Glaeser 和 Ward (2006)研究了美国土地使用管制对房地产价格的影响，发现日趋强化的人为限制造成对住房建设的用地紧张局面，促使了住房价格上升。郑娟尔(2008)、白忠菊和杨庆媛(2012)、单志鹏(2013)等从土地供应数量、结构、模式和政策视角探讨了土地城镇化对房地产价格的影响机理。

三是考虑城镇化对房地产价格的影响程度，但这类文献的作用地位存在较大争议。沈悦和刘洪玉(2004)通过考察住宅价格与经济基本面的关系发现，城市总人口每增长10%，住宅价格将上涨2%。骆永民(2011)运用四种面板数据模型实证发现城市化水平对本地区和相邻地区的房价均有显著的促进作用。朱磊(2007)认为2004—2006年的房地产价格迅猛攀升源于有效需求的强力支撑，而快速的城市化进程功不可没。任木荣和刘波(2009)建立的城市化与住宅价格的动态经济理论模型表明，城市化进程的加快会导致住宅价格的快速上涨；通过面板数据的实证结果也表明城市化水平对住宅价格具有正向积极影响。姜松和王钊(2014)认为以非农就业人员衡量的城镇化对房地产价格变动的影响为负。韩正龙和王洪卫(2014)基于中国1999—2010年省级面板数据，从城乡收入差异视角研究了城镇化与房地产价格之间的关系，实证结果表明，城镇化对房地产价格的影响不大，仅仅解释了房地产价格上涨的2%。

或基于我国特定地区(31个省区市)的截面数据、面板数据背景(冯皓和陆铭，2010)，或基于成熟市场经济下的房价决定因素，现有文献对房价变化动力因素开展了一系列有价值研究(李永友，2014)。在对就城镇化影响房地产价格的分析中，空间相关性长期以来被忽视，其影响程度也存在两种截然不同的观点：观点一，房地产价格迅猛攀升，快速的城市化进程功不可没，如任木荣和刘波(2009)；观点二，城镇化对房地产价格的影响不大，如韩正龙和王洪卫(2014)。尽管骆永民(2011)、姜松和王钊(2014)等已开始关注这种空间相关性，但既未深入讨论其具体影响方式，也未详尽分析其差异性。本部分以城镇化对房地产价格的影响机制和程度作为焦点，通过识别和构建动态空间杜宾模型分析中国地级及以上城市城镇化对房地产价格的影响程度和方式，并进一步对城镇化的"直接效应"与"间接效应"进行测度。一般而言，经济地理学认为空间相关性会随着城市间间隔的扩大而逐渐弱化，那么城镇化对房地产价格影响的"直接效应"与"间接效应"是否也具有这一特征呢？此外，地理区位差异、城市规模差异是否也会造成城镇化影响的空间差异呢？这些将是本部分关注的另一个重点，即从空间距离、地理区位、城市规模角度对城镇化影响房地产价格的空间效应差异进行分析。

第二节　城镇化与房价的空间格局

针对上述文献讨论的城镇化与房地产价格可能存在的相互关系，本部分将运用散点图、空间地图等方法对中国城镇化率与房地产价格(指标选取参见第四部分)的空间自相关及相关关系进行初步探索，以期为后续实证分析寻求研究基础。

一、城镇化与房价的相关性初探

图8-1给出了城镇化与房价的相关关系图。由地级市数据散点图(左图)可知，城镇化率与商品房平均销售价格存在明显的正相关关系，即城镇化率高的地级市往往商品房平均销售价格也越高。由省级数据的散点图(右图)可知，城镇化率高的东部沿海地区(如广东省、浙江省、上海市)，商品房平均销售价格

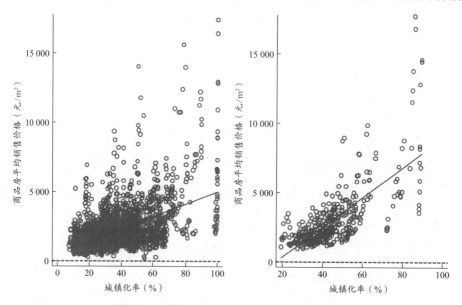

图8-1　城镇化与房地产价格的相关关系图

注：数据根据历年《中国统计年鉴》《中国区域经济统计年鉴》《中国城市统计年鉴》《中华人民共和国全国分县市人口统计资料》整理得。

也较高，而城镇化率较低的西部地区(如云南省、贵州省、广西壮族自治区)，商品房平均销售价格也较低。从而可得，无论从省级层面还是地级市层面来看，城镇化率的上升都会促进商品房平均销售价格的上涨。

二、城镇化率和房价的空间相关性初探

根据前文介绍的全局空间自相关指标(Moran's I 指数)和局部空间自相关指标(局域 Moran's I 指数)，可以考察各年份城镇化率与商品房销售价格的空间相关性，前者可以测度空间自相关是否显著存在，后者可以体现个体集聚特征。具体计算结果如表8-1和图8-2所示：

表8-1　地级市商品房平均销售价格与城镇化率的 Moran's I 指数

年份	商品房销售价格	城镇化率	年份	商品房销售价格	城镇化率
2000	0.077（0.00）	0.092（0.00）	2007	0.084（0.00）	0.108（0.00）
2001	0.078（0.00）	0.096（0.00）	2008	0.089（0.00）	0.111（0.00）
2002	0.079（0.00）	0.099（0.00）	2009	0.082（0.00）	0.107（0.00）
2003	0.081（0.00）	0.103（0.00）	2010	0.066（0.00）	0.107（0.00）
2004	0.083（0.00）	0.101（0.00）	2011	0.048（0.00）	0.102（0.00）
2005	0.091（0.00）	0.104（0.00）	2012	0.033（0.00）	0.094（0.00）
2006	0.047（0.00）	0.112（0.00）			

注：1. 数据根据历年《中国区域经济统计年鉴》《中国城市统计年鉴》《中华人民共和国全国分县市人口统计资料》整理得；

　　2. 计算过程中使用的空间权重矩阵(W)为空间距离加权矩阵，具体选取方法见下文。

表8-1给出了2000—2012年地级市[①]商品房销售价格与城镇化率的 Moran's I 指数的计算结果及检验值。表8-1结果显示，无论是商品房平均销售价格，还是城镇化率，各年份的 Moran's I 指数值皆显著大于零，这表明各地级市房价与城镇化率都存在明显的空间正相关。其中，商品房平均销售价格的 Moran's I 指数在2005年具有最大值，为0.091；城镇化率的 Moran's I 指数在

---

① 本章中所讨论的地级市包括所有地级及以上城市。

2006年具有最大值，为0.112。因而，在实证过程考虑房价与城镇化率的空间相关是必要的，否则将存在回归偏误（Anselin，1988），许多研究也已开始关注这种区域间的空间相关性（如王鹤，2012；陈浪南和王鹤，2012）。

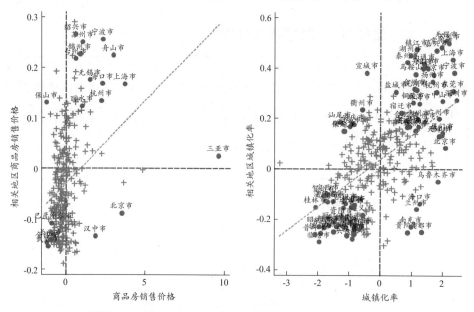

图8-2　2012年商品房价格与城镇化率 Moran 散点图

注：＋表示不显著地级市，●表示显著地级市。

图8-2分别给出了2012年地级市商品房销售价格、城镇化率的 Moran's I 散点图[①]。在图中，第1象限为 H-H（high-high）型地区，第2象限为 L-H（low-high）型地区，第3象限为 L-L（low-low）型地区，第4象限为 H-L（high-low）型地区[②]。图8-2结果显示，不同区域间商品房平均销售价格、城镇化率的空间关联状况具有不同特征。由于地级市较多，我们只分析部分具有代表性且局

---

① 由于篇幅问题，其他年份商品房销售价格、城镇化率的 Moran's I 散点图未一一给出，结果具有相似性。

② Moran's I 散点图给出单一变量的空间集聚特征，其中，H-H 型地区（第1象限）指本身和其相关地区观测值都较大；L-H 型地区（第2象限）指本身有较小观测值，但其相关地区观测值较大；L-L 型（第3象限）地区指本身和其相关地区观测值都较小；H-L 型（第4象限）地区指本身观测值较大，但其相关地区观测值较小。

域 Moran's I 指数显著(1%)[①]的地级市。就商品房平均销售价格而言，共12个地级市显著位于 H-H 型地区(主要集中在东部沿海地区，浙江6个、江苏2个、辽宁1个、海南2个、上海)；北京市与汉中市位于 H-L 型地区；保山市位于 L-H 型地区；金昌市、武威市、巴彦淖尔市与长治市位于 L-L 型地区。就城镇化率而言，共37个地级市显著位于 H-H 型地区(所属地区分别为广东7个、安徽4个、北京、福建3个、江苏10个、山东3个、上海、天津、浙江7个)；共34个地级市显著位于 L-L 型地区，主要位于西部地区；安庆市、六安市、宣城市、汕尾市、保定市、聊城市、衢州市显著位于 L-H 型地区，主要为中、东部次发达的地区；兰州市、贵阳市、海口市、成都市、南充市、乌鲁木齐市显著位于 H-L 型地区，主要为西部地区发展较快的地级市。

上述研究结果表明，我国各地级市的城镇化率与房地产价格均存在空间相关性，但这种空间相关性在不同区域内表现出差异性。本章后继部分将在建立房地产价格空间计量模型基础上，分析城镇化影响房地产价格的空间效应及差异。

第三节　城镇化影响房价的计量模型设定

一、动态空间杜宾模型设定

考虑到被解释变量存在的空间相关性、时间相关性，及解释变量存在的空间相关性，本部分建立区域房价的动态空间杜宾模型(dynamic spatial durbin model)[②]进行实证分析。

······································

① 在5%和1%的显著水平下，商品房平均销售价格的局域 Moran's I 指数显著地级市数分别为42个、19个，城镇化率的局域 Moran's I 指数显著地级市数为118个、84个。

② Debarsy 等（2012）给出了动态空间杜宾模型，Elhorst（2014）对动态空间面板数据模型进行系统归纳总结（其中包括动态空间杜宾模型），Elhorst 等（2010）、Ertur 和 Koch（2007）等将动态空间面板数据模型运用到应用领域。

$$P_t = \tau P_{t-1} + \delta W_n P_t + X_t \beta_1 + W_n X_t \beta_2 + Z_t \gamma + c + v_t \tag{8-1}$$

其中，P_t 为各地区在时期 t 的房价；P_{t-1} 为区域房价的时间滞后项；W_n 为 $n \times n$ 维空间加权矩阵，具体选取方法见第四节；$W_n P_t$ 为区域房价的空间滞后项；X_t 为各地区在时期 t 的城镇化率；$W_n X_t$ 为城镇化率的空间滞后项；Z_t 为 $n \times k$ 维控制变量矩阵；c 为 $n \times 1$ 维个体固定效应项；$v_t \sim N(0, \sigma^2 I_n)$。当 $\tau = 0$ 时，为静态空间面板数据模型；当 $\tau = \delta = \beta_2 = 0$ 时，为动态面板数据模型；当 $\delta = \beta_2 = 0$ 时，为普通面板数据模型。

关于动态空间面板数据模型的估计，Yu 等（2008）在探讨了其拟极大似然估计量 $\hat{\theta}_{nt} (\theta = (\tau, \beta', \gamma, \delta, \sigma^2)', \ \beta' = (\beta_1, \beta_2))$ 的渐近性质后（有偏估计量），构建了一个纠偏估计量（CSDMLE），Elhorst（2010）考察了 CSDMLE 的小样本性质[1]。

$$\hat{\theta}_{nT}^1 = \theta_{nT} - \frac{1}{T} \hat{\varphi}_{\theta, nT} , \tag{8-2}$$

其中：$\hat{\varphi}_{\theta, nT} = \left[\left(E \left(\frac{1}{nT} \frac{\partial^2 \ln L_{nT}(\theta)}{\partial \theta \partial \theta'} \right) \right)^{-1} \varphi_n(\theta) \right] \Bigg|_{\theta = \hat{\theta}_{nT}}$ ，

$$\varphi_n(\theta) = \begin{pmatrix} \frac{1}{n} \operatorname{tr} \left(\sum_{h=0}^{\infty} A_n^h(\theta) \right) S_n^{-1}(\delta) \\ 0 \\ \frac{1}{n} \tau \operatorname{tr} \left(G_n(\delta) \left(\sum_{h=0}^{\infty} A_n^h(\theta) \right) S_n^{-1}(\delta) \right) + \frac{1}{n} \operatorname{tr} G_n(\delta) \\ \frac{1}{2\sigma^2} \end{pmatrix} ,$$

$S_n \equiv S_n(\delta) = I_n - \delta W_n$，$A_n = \tau S_n^{-1}$，$G_n = W_n S_n^{-1}$。

二、直接效应与间接效应界定

在信息集的独立性假设下，线性模型回归参数作为因变量对自变量的偏导数具有直接的解释力。然后，当模型中包含因变量或自变量的空间或时间滞

---

[1] 动态空间杜宾模型与动态空间滞后模型（前者在解释变量中比后者多一类外生解释变量 $W_n X_t$）的估计方法基本相似。因而，Yu 等（2008）所考虑的动态空间滞后模型纠偏估计量（CSDMLE）可以直接运用至本部分。

后项时，对参数的解释变得复杂而丰富。空间计量模型通过引入空间滞后项而拓展了观测值之间的相关结构，正是因为此，其回归系数包含了大量相关区域（或观测值）的交互信息。任意给定解释变量某一观测值（或地区）的改变不仅会影响该地区本身（称之为直接效应），并将潜在地影响相关地区的因变量（称之为间接效应）。

直接效应测度自变量每变化一个单位对本区域因变量影响的大小，而间接效应测量的是自变量每变化一个单位对其他相关区域因变量影响的大小，二者皆可由因变量对自变量求偏导数得。模型(8-1)中，因变量的数学期望 $E(P)$ 在时期 t 对解释变量 (X, Z) 的偏导数为

$$\left[\frac{\partial E(P_t)}{\partial x_{1t}}, \cdots, \frac{\partial E(P_t)}{\partial x_{nt}}\right] = \begin{bmatrix} \dfrac{\partial E(p_{1t})}{\partial x_{1t}} & \cdots & \dfrac{\partial E(p_{1t})}{\partial x_{nt}} \\ \vdots & \ddots & \vdots \\ \dfrac{\partial E(p_{nt})}{\partial x_{1t}} & \cdots & \dfrac{\partial E(p_{nt})}{\partial x_{nt}} \end{bmatrix} = (\boldsymbol{I}_n - \delta \boldsymbol{W}_n)^{-1}\left[\beta_1 \boldsymbol{I}_n + \beta_2 \boldsymbol{W}_n\right] \quad (8\text{-}3)$$

$$\left[\frac{\partial E(P_t)}{\partial z_{1t,k}}, \cdots, \frac{\partial E(P_t)}{\partial z_{nt,k}}\right] = \begin{bmatrix} \dfrac{\partial E(p_{1t})}{\partial z_{1t,k}} & \cdots & \dfrac{\partial E(p_{1t})}{\partial z_{nt,k}} \\ \vdots & \ddots & \vdots \\ \dfrac{\partial E(p_{nt})}{\partial z_{1t,k}} & \cdots & \dfrac{\partial E(p_{nt})}{\partial z_{nt,k}} \end{bmatrix} = (\boldsymbol{I}_n - \delta \boldsymbol{W}_n)^{-1}\gamma_k \quad (8\text{-}4)$$

由式(8-3)可知：

(1)偏导数矩阵中对角线上的元素体现了直接效应，而非对角线上的元素体现的是间接效应。

(2)不同个体的直接效应和间接效应各不相同。

(3)直接效应和间接效应大小皆与时期 t 无关。

(4)若 $\beta_2 = 0$，直接效应与间接效应比值与 β_1 无关，从而所外生解释变量直接、间接效应比值相同（Elhorst，2014），如式(8-4)所示。

针对直接效应和间接效应各不相同带来的显示问题，LeSage and Pace(2010)提出了一种简捷方法（平均指标）：

(1) 平均直接效应，由偏导数矩阵所有对角线上元素的计算平均值得 $(n^{-1}\text{tr}\{(I_n - \delta W_n)^{-1}[\beta_1 I_n + \beta_2 W_n]\})$。

(2) 平均间接效应，由偏导数矩阵所有非对角线上元素的计算平均值得(其中，偏导数矩阵中第 j 列上非对角线元素的平均值为来自第 j 个观测值的平均间接效应)。

(3) 平均总效应，由平均直接效应加平均间接效应得(其中，偏导数矩阵中第 j 列元素的平均值为来自第 j 个观测值的平均总效应)。

第四节　城镇化影响房价的实证分析

一、数据来源与加权矩阵

(一)数据来源与指标说明

本部分研究的数据样本为商品房销售额、商品房销售面积、非农就业人数、总就业人数、城镇居民人均可支配收入、房屋建筑竣工面积、房地产开发投资额、贷款基准利率及市辖区人口密度的地级市数据，取样区间为2000—2012年，数据来源于历年《中国统计年鉴》《中国区域经济统计年鉴》《中国城市统计年鉴》。关键变量具体说明如下：

(1) 房地产价格(l_recopr)，本部分的被解释变量，采用地级市商品房平均销售价格，地级市商品房平均销售价格由商品房销售额除以商品房销售面积得。

(2) 城镇化率(urb_rate)，本部分的核心解释变量，用非农就业人数占总就业人数的比重反映。人口比重指标法[1]是目前通用的一种测算城镇化率方法[2]，但对非农人口的确定标准不一样，又包括常住人口比重法、户籍人口比重法(杜帼男和蔡继明，2013)、非农人口就业比重法(陆铭和陈钊，2004)。参照陆铭和

---

[1] 具体计算公式为：城镇化率 =（非农人口数 / 年末总人口数）×100%。

[2] 测度城镇化率的其他方法包括城镇土地利用比重指标法、工业化率指标法。

陈钊(2004)、姜松和王钊(2014)等的方法，本部分使用户籍人口比重法测算城镇化率，即用非农就业人数占总就业人数比重来反映。原因有二：一是只有部分地级市近年来才开始公布城镇常住人口数据，无法使用常住人口比重法；二是户籍人口比重法往往因为部分城镇人口没有城镇户口而低估城镇化水平。

(3)其他控制变量。城镇居民人均可支配收入(1_dis_inc)，取对数形式。该变量用来体现城镇居民收入变化对房地产价格变动的影响(需求方角度)。理论上，城镇居民人均可支配收入增加可增强居民的购买能力，促使房地产价格上涨。房屋建筑竣工面积(1_cofsbc)，取对数形式。该变量用来体现房屋供给量变化对房地产价格变动的影响(供给方角度)。理论上，房屋建筑竣工面积上升会增加房屋供给，促使房地产价格下跌。房地产开发投资(L_inre)，取对数形式，体现房地产开发投资额对房地产价格的影响。一年期贷款基准利率(intrat)，根据中国人民银行历年存贷款基准利率表整理得[1]，体现国家宏观调控政策对房地产价格的影响。市辖区人口密度(1_dens_dist)，取对数形式，体现房屋"刚性需求"形成的购买压力对房地产价格的影响。

去除有较多缺失值的地级市(如拉萨市、陇南市)，去除期间市县合并与撤销样本(巢湖、中卫市)，去除可能的离群点样本，房价非常高城镇化率很低(如温州、金华)或城镇化率非常高房价很低(如嘉峪关市、鹤岗市、伊春市、乌海市、克拉玛依市)，最后获得275个样本地级市。为了确保数据的可比性，运用同年省级价格指数[2]对商品房平均销售价格、城镇居民人均可支配收入进行平减。相关变量的统计性描述如表8-2所示。

....

[1] 基准利率包括一年期、三年期、五年期等类别，选用一年期贷款基准利率是因为个人住房贷款利率在每年初时变动。

[2] 鉴于一直无法搜集到所有地级市历年价格指数，如西藏统计年鉴中未公布2010年以前各地级市价格指数，湖南省统计年鉴中2006年以后未公布地级市价格指数，2002—2006年公布的是14个调查市县价格指数，等等，最后统一运用省级数据进行平减。

表8-2　关键变量的统计性描述

变量名	均值	标准差	最小值	最大值
房地产价格对数值（l_recopr）	7.577	0.623	3.641	10.622
城市化率（urb_rate）	56.420	15.838	10.301	99.977
城镇居民人均可支配收入对数值（l_dis_inc）	9.129	0.734	6.827	12.012
房屋建筑竣工面积对数值（l_cofsbc）	5.664	1.249	−0.511	9.801
房地产开发投资对数值（l_inre）	12.316	1.626	5.704	17.059
一年期贷款基准利率（intrat）	5.879	0.579	5.310	7.180
市辖区人口密度对数值（l_dens_dist）	6.548	0.953	1.556	9.551

注：由历年《中国区域经济统计年鉴》资料整理得。

（二）空间加权矩阵的选取

从模型的估计和效应的测度都可以看出，空间加权矩阵的选择对实证结果十分重要，基于邻近(假设事物的联系仅仅存在于具有共同边界的地区之间，两个地区拥有共同的边界取值为1，两个地区没有共同的边界取值为0)或距离(假设两个地区之间空间交互作用与两个地区之间的距离成反比)建立的空间权重是最直观也是最常用的方式。由于拉萨等多个地级市数据缺失[①]，空间邻近矩阵难以真实反映空间关联情况。从而，本部分选用空间距离加权矩阵，其元素 (w_{ij}) 取值为

$$w_{i,j}=\begin{cases}1/d_{i,j}, & i\neq j \\ 0 \ \ , & i=j\end{cases} \tag{8-5}$$

其中 d_{ij} 为地级市 i 与地级市 j 省会(首府)所在地的地表距离，具体数值通过计算地级市省会(首府)所在地经纬度[②]的球面半正矢距离(haversine distance)得。

....

[①] 造成六个地级市（海口市、三亚市、西宁市、克拉玛依市、乌鲁木齐市、舟山市）与其他地级市无共同边界，形成了"单个岛屿效应"。

[②] 地级市省会（首府）所在地经纬度数据来源于国家基础地理信息系统网站 http://nfgis.nsdi.gov.cn/。

二、城镇化影响房价的实证结果

根据前面部分所建立的区域房价动态空间杜宾模型(8-1),采用纠偏极大似然估计量(Yu et al.,2008)对我国2000—2012年地级市房地产价格的回归结果见表8-3列(4)。为了对比,表8-3还给出了面板数据模型的混合样本最小二乘(POLS)估计[列(1)]、固定效应模型最小二乘虚拟变量(LSDV)估计[列(2)]、静态空间面板模型的MLE估计结果[列(3)](Lee and Yu,2010)。

由表8-3的回归结果可知,在分析房地产价格时,应充分考虑其时间相关性和空间相关性,即运用动态空间面板数据模型是合理的。首先,在所有的回归结果中,房地产价格时间滞后项(L.l_recopr)和空间滞后项(W.l_recopr)的弹性系数皆显著不为零(通过1%的显著水平)。然后,其他外生解释变量的回归系数(β_1,γ)表明城镇化率(urb_rate)、房屋建筑竣工面积(l_cofsbc)及房地产开发投资(L_inre)是影响房地产价格的重要因素(基本上所有模型中皆显著)。但当未考虑房价空间相关性时,房屋建筑竣工面积的回归系数在LSDV估计中显著为正(0.069 2),市辖区人口密度(l_dens_dist)的回归系数在pooled估计中显著为负(−0.061 4),这显然与理论分析结论不一致。

表8-3中动态空间杜宾模型[列(4)]的估计结果显示,城镇化率的回归系数为0.105,且通过了统计检验(1%显著水平下),表明城镇化进程加快促进了房地产价格的上涨,且城镇化率提高1%,房地产价格上涨0.105%。不难看出,城镇化率的快速提高增加了对我国各城市住房的需求,从而提高了房价,这也间接验证了美国地理学家诺瑟姆(Northam Ray,1979)提出的关于城镇化发展的S形曲线[①]。各地级市的房地产价格同样还受房屋建筑竣工面积(回归系数显著为负 −0.013 0)、房地产开发投资(回归系数显著为正0.002 5)、上一期房地产价格(回归系数τ显著为正0.775 6)和相关地区房地产价格(回归系数δ显著为正0.200 1)影响。

....

① 当城镇化率超过30%时,其城镇化历程进入快速发展阶段,随着人口和产业向城市集中,市区将出现住房紧张等一系列问题。

表8-3　城镇化与城市房价的估计结果

		（1）pooled	（2）FE	（3）fix_durbin	（4）dyn_durbin
δ	W.l_recopr			0.721 4***	0.200 1***
				（14.62）	（4.74）
τ	L.l_recopr				0.775 6***
					（175.74）
β_1	urb_rate	0.561 7***	0.595 1***	0.194 5**	0.105 3***
		（11.60）	（7.08）	（2.56）	（2.67）
β_2	W.urb_rate			−0.967 7**	−0.035 7
				（−2.07）	（−0.09）
γ	l_dis_inc	0.190 8***	0.157 3***	−0.014 0	−0.002 8
		（15.25）	（11.08）	（−0.96）	（−0.24）
	l_cofsbc	−0.060 7***	0.069 2***	0.012 5	−0.013 0**
		（−7.71）	（6.31）	（1.28）	（−1.98）
	l_inre	0.024 7***	0.021 1***	0.006 1***	0.002 5***
		（30.89）	（21.22）	（5.87）	（3.03）
	intrat	0.052 3***	0.049 0***	0.008 0	0.004 0
		（4.86）	（5.47）	（1.00）	（0.44）
	l_dens_dist	−0.061 4***	−0.013 0	0.005 7	−0.000 8
		（−8.66）	（−0.69）	（0.35）	（−0.03）
	_cons	2.914 9***	2.604 3***		
		（29.99）	（17.81）		
Variance	sigma2_e			0.064 8***	0.037 4***
				（42.22）	（152.35）
Observations	N	3 575	3 575	3 575	3 300
R-squared	r^2	0.678 0	0.657 7	0.595 2	0.890 3

注：***、**、*分别表示在1%、5%和10%水平上显著；括号中为 t 统计量值。

比较所有模型外生变量的回归系数可知，若忽略了城市间房地产空间相关性，将高估各因素对房地产价格的影响。但在本部分所考虑的房地产价格影响因素中，城镇化的影响被高估成分最小。以固定效应模型与静态空间杜宾模型为例，房地产开发投资的回归系数由 0.021 1 下降到 0.006 1（其他控制变量回归系数下降幅度更大），而城镇化率的回归系数由 0.595 1 下降到 0.194 5。

为进一步探讨空间计量模型中回归系数所包含的交互信息，表 8-4 给出了外生解释变量的平均直接效应、平均间接效应及平均总效应估计值。表 8-4 中，奇数列为静态空间杜宾模型的各种效应估计值 [基于表 8-3 中列（3）得]，偶数列为动态空间杜宾模型的各种效应估计值 [基于表 8-3 中列（4）得]。

表8-4　直接效应与间接效应估计值

	直接效应		间接效应		总效应	
	fix_durbin	dyn_durbin	fix_durbin	dyn_durbin	fix_durbin	dyn_durbin
	（1）	（2）	（3）	（4）	（5）	（6）
urb_rate	0.195 2***	0.108 4**	0.522 9**	0.026 6*	0.718 1**	0.134 9**
	（3.00）	（2.48）	（2.18）	（1.90）	（2.48）	（2.43）
l_dis_inc	−0.013 0	−0.002 1	−0.034 3	−0.000 4	−0.047 3	−0.002 5
	（−0.80）	（−0.17）	（−0.80）	（−0.12）	（−0.81）	（−0.16）
l_cofsbc	0.013 2	−0.012 9**	0.033 0	−0.003 2	0.046 2	−0.016 0**
	（1.24）	（−2.04）	（1.15）	（−1.59）	（1.19）	（−2.00）
l_inre	0.006 1***	0.002 7***	0.016 3***	0.000 6***	0.022 4***	0.003 3***
	（6.05）	（3.20）	（2.83）	（2.68）	（3.53）	（3.30）
intrat	0.009 7	0.005 7	0.024 9	0.001 1	0.034 6	0.006 8
	（1.26）	（0.62）	（1.24）	（0.52）	（1.27）	（0.61）
l_dens_dist	0.009 1	−0.000 7	0.023 3	0.000 2	0.032 4	−0.000 5
	（0.55）	（−0.03）	（0.54）	（0.04）	（0.55）	（−0.02）

注：(1) ***、**、* 分别表示在 1%、5% 和 10% 水平上显著；括号中为 t 统计量值；

(2) t 统计量值根据 LeSage 和 Pace（2010）提供的计算方法得。

由表8-4的估计结果可得，静态空间杜宾模型下，城镇化率的直接效应为0.195，即城镇化率每增长1%，当地房地产价格将上涨0.195%。注意，直接效应(0.195 2)大于回归系数(0.194 5)[1]，是因为直接效应包含了"反馈效应"[2](0.007)。城镇化率的间接效应为0.523，即城镇化率每增长1%，相关地级市房地产价格共上涨0.523%。尽管城镇化率对房地产价格的间接效应(0.523)在数值上大于直接效应(0.195)，但对单一地级市而言，间接效应(0.001 9)远小于直接效应[3]。房地产开发投资的直接效应与间接效应显著为0.006 1、0.016 3。动态空间杜宾模型下，估计结果与静态空间杜宾模型相似，且房屋建筑竣工面积的直接效应与总效应显著为负。以上分析表明，城镇化率的上升、房地产开发投资的增加将促使当地和相关地区房地产价格上涨，而房屋建筑竣工面积的增加将导致当地房地产价格下跌。

第五节　空间效应差异的进一步探讨

表8-3和表8-4给出了全域性的实证结果，即全国范围内各地级市房地产价格的平均情况。然而，各地级市本身的特征(地理区位、城镇人口规模等)和房地产市场的属性(区域性、投资性、弱流动性等)均可能导致空间相关存在差异性(本章第二节的Moran散点图也已指出)。本部分将从空间距离、地理区位、城市规模角度对城镇化影响房地产价格的空间效应差异进行分析。

一、空间距离差异

空间相关效应是否会随着空间距离的改变而变化是空间计量经济模型(空

---

① 直接效应与回归系数的显著水平也不尽相同。

② 解释变量本地区值的变化通过影响相关区域值的变化再反过来对本地区值变化的影响。

③ 274个相关地级市城镇化率对当地房地产价格的间接效应为 0.523，平均为 0.001 9（0.523/274）。

间加权矩阵下)关注的一个重要问题。表8-5给出不同空间距离下的动态空间杜宾模型估计结果[具体估计方法同表8-3中列(4)]。其中,列(1)设定空间相关性只存在于200 km以内的地级市,列(2)、列(3)、列(4)依次设定为400 km、600 km、800 km。

表8-5　空间效应的距离范围差异估计结果

		（1）	（2）	（3）	（4）
		durbin_200	durbin_400	durbin_600	durbin_800
δ	W.l_recopr	0.245 4***	0.236 7***	0.211 3***	0.163 6***
		（11.35）	（12.36）	（13.03）	（13.13）
τ	L.l_recopr	0.765 0***	0.754 7***	0.791 1***	0.786 4***
		（173.84）	（170.83）	（177.72）	（177.61）
β_1	urb_rate	0.111 6***	0.112 8***	0.104 1**	0.084 3*
		（2.66）	（2.72）	（2.51）	（1.94）
β_2	W.urb_rate	0.336 5	0.275 0	0.289 1*	−0.118 8
		（1.58）	（1.42）	（1.65）	（−1.09）
γ	l_dis_inc	0.014	0.003 7	0.002 4	0.003 0
		（0.13）	（0.34）	（0.23）	（0.29）
	l_cofsbc	−0.014 0**	−0.013 0**	−0.014 2**	−0.012 7**
		（−2.16）	（−2.01）	（−2.20）	（−1.97）
	l_inre	0.026 3***	0.029 0***	0.028 1***	0.029 6***
		（3.31）	（3.70）	（3.68）	（4.04）
	intrat	0.003 3	0.003 9	0.004 0	0.005 0
		（0.38）	（0.45）	（0.46）	（0.59）
	l_dens_dist	0.000 3	0.000 6	0.000 9	0.000 3
		（0.01）	（0.03）	（0.04）	（0.01）
直接效应	urb_rate	0.115 0**	0.116 1**	0.107 4**	0.087 7*
	l_cofsbc	−0.013 9**	−0.012 9**	−0.014 1**	−0.012 6**
	l_inre	0.002 8***	0.003 0***	0.002 9***	0.003 1***

续表

		（1）	（2）	（3）	（4）
		durbin_200	durbin_400	durbin_600	durbin_800
间接效应	urb_rate	0.036 6**	0.035 1**	0.028 0**	0.016 5*
	l_cofsbc	−0.004 4**	−0.003 9*	−0.003 7**	−0.002 4*
	l_inre	0.000 9***	0.000 9***	0.000 8***	0.000 6***
总效应	urb_rate	0.151 6**	0.151 3**	0.135 4**	0.104 2*
	l_cofsbc	−0.018 4**	−0.016 8**	−0.017 8**	−0.015 0**
	l_inre	0.003 6***	0.003 9***	0.003 7***	0.003 6***

注：1.***、**、*分别表示在1%、5%和10%水平上显著；括号中为t统计量值；

2.直接、间接效应的t统计量值根据 LeSage 和 Pace（2010）得；

3.限于版面，此表只给出了显著外生解释变量的直接效应、间接效应和总效应。

表8-5中数据结果显示：

（1）房地产价格空间滞后项回归系数的估计值随地区间空间距离的增大而减小，具体从表8-5中列（1）的0.245 4，递减到表8-5中列（4）的0.163 6，且全部显著不为零（显著水平1%）。表明各地级市间房地产价格存在显著的空间相关性，且相近地级市之间房地产价格联系更为紧密，200 km 以内房地产价格空间相关强度为800 km 以内的1.5倍，符合"地理学第一定律"。

（2）城镇化率的直接效应会随着空间加权矩阵选取距离的增加而减弱[①]，即城镇化率对当地房地产价格的影响会随所考虑的相关地级市数量的增加而降低。当所考虑的地级市地面距离小于400 km 时，城市率上升对当地房地产价格的影响最大，参数估计值为0.116；而当所考虑的地级市地面距离达到800 km 时，城市率上升对当地房地产价格的影响降至0.088。这意味着当所考虑的相关地级市越多时，城镇居民对居住的选择就越多，从而对当地房地产

---

① 此处不再考虑回归系数的估计值，因为直接效应不仅包括了回归系数所体现的影响，还包含了"回馈效应"。

价格的影响越小。城镇化率对相关地级市房地产价格的影响(间接效应)随着空间加权矩阵选取距离的增加而减弱。当各地级市间的地面距离小于200 km时，城镇化率的间接效应为0.037，而当各地级市间的地面距离超过800 km时，城镇化率的间接效应为0.017。这是因为随着空间加权矩阵设定范围的扩展，包含了更多较远的地级市，摊薄了相关地级市房地产价格之间的相互影响程度。此外，对比两种效应的估计值可得，城镇化率的间接效应下降速度(下降54.06%)远快于城镇化率的直接效应(下降23.48%)。

(3)控制变量的直接效应与间接效应特征。房屋建筑竣工面积的直接效应与间接效应皆显著为负且绝对值呈递减趋势；房地产开发投资的直接效应与间接效应显著为正，且其直接效应呈递增趋势，其间接效应在400 km内达最大值；其他控制变量的直接效应与间接效应均不显著。

(4)总效应测度了各个外生解释变量对房地产价格的影响程度。城镇化率与房屋建筑竣工面积对房地产价格的影响程度将随着空间相关距离的增大而减小，房地产开发投资的影响趋向平稳，其他控制变量的影响不显著。现我们以相关距离为200 km的回归结果说明各个外生解释变量的重要性。此时，城镇化率的总效应为0.152，即城镇化率每提高1%，房地产价格将上涨0.152%；房地产开发投资的总效应为0.036，房屋建筑竣工面积的总效应为−0.018。根据《中国统计年鉴》数据，2000—2012年中国的商品房平均售价从2 112元/m² 上涨到5 791元/m²，同期，城镇化率从36.22%上升到52.57%，房地产开发投资额从4 984.1亿元上升至71 803.8亿元，房屋建筑竣工面积从18.2亿 m² 增加至33.6亿 m²。剔除价格因素后[①]，真实的商品房价格上涨了1.05倍，房地产开发投资额增加了9.07倍，城镇化率提高了16.38%，房屋建筑竣工面积增加了84.62%。结合对总效应的估计结果，城镇化率上涨16.38个百分点意味着促使房地产价格上涨了2.49个百分点，而房地产开发投资额增加促使房地产价格上涨了3.27

①　商品房销售价格数据根据居民消费价格指数平减，房地产开发投资额数据根据固定资产投资价格指数平减。

个百分点，房屋建筑竣工面积增加促使房地产价格下降了1.56个百分点。

二、地理区位差异

我国区域发展不平衡，东部地区、中部地区、西部地区和东北地区的房地产价格和城镇化都存在着巨大差异(在样本区间内，房地产价格的平均值分别为2 838.1、1 621.5、1 710.8、2 090.1，城镇化率的平均值分别为65.3%、54.8%、47.7%、58.3%)；且东部城镇密集，空间距离小，西部地区城市间距离较大。因此，在分析空间效应时，有必要考察城镇化影响房地产价格的地理区域差异性。表8-6分别给出东部[列(1)]、中部[列(2)]、西部[列(3)]和东北地区[列(4)]房地产价格的动态空间杜宾模型估计(CSDMLE)结果。

表8-6 空间效应的地理区位差异估计

		（1）	（2）	（3）	（4）
		东部	中部	西部	东北地区
δ	W.l_recopr	0.124 5***	0.285 4***	0.036 0	0.738 2***
		（3.26）	（3.90）	（0.41）	（8.85）
τ	L.l_recopr	0.896 4***	0.773 8***	0.890 8***	0.265 3***
		（90.42）	（44.56）	（78.77）	（10.88）
β_1	urb_rate	0.017 6	0.239 2***	0.150 1	0.661 6***
		（0.33）	（2.70）	（1.60）	（3.75）
β_2	W.urb_rate	1.459 2***	0.382 8	0.528 6*	0.931 2
		（4.47）	（0.66）	（1.96）	（0.66）
γ	l_dis_inc	0.009 7	−0.008 8	−0.020 3	−0.005 3
		（0.79）	（−0.59）	（−0.88）	（−0.10）
	l_cofsbc	0.012 0	−0.042 7***	−0.012 2	0.022 6
		（1.42）	（−6.53）	（−0.48）	（0.88）
	l_inre	0.001 6	0.004 0***	0.002 0	0.005 0
		（1.53）	（2.97）	（1.13）	（1.55）

续表

		（1）	（2）	（3）	（4）
		东部	中部	西部	东北地区
	intrat	0.015 1[*]	0.008 0	0.003 8	−0.003 4
		（1.70）	（0.59）	（0.22）	（−0.07）
	l_dens_dist	−0.003 1	−0.008 1	0.054 3	0.110 2
		（−0.20）	（−0.31）	（0.59）	（1.14）
直接效应	urb_rate	0.017 1	0.250 8[**]	0.154 7	0.792 5[***]
	l_cofsbc	0.012 1	−0.042 8[***]	−0.011 5	0.024 3
	l_inre	0.001 8[*]	0.004 3[***]	0.002 3	0.005 9
间接效应	urb_rate	1.259 7[***]	0.698 9	0.348 6[**]	4.177 7
	l_cofsbc	−0.001 5	−0.016 8[**]	−0.000 2	0.059 2
	l_inre	−0.000 2[*]	0.001 6[**]	−0.000 1	0.014 8
总效应	urb_rate	1.276 8[***]	0.949 8	0.503 3[**]	4.970 2
	l_cofsbc	0.010 7	−0.059 6[***]	−0.011 7	0.083 5
	l_inre	0.001 6[*]	0.005 9[***]	0.002 2	0.020 7

注：1.***、**、* 分别表示在1%、5%和10%水平上显著；括号中为 t 统计量值；

2. 直接、间接效应的 t 统计量值根据 LeSage 和 Pace（2010）得；

3. 限于版面和本部分关注的主要问题，此表只给出了核心解释变量与显著外生解释变量的直接效应、间接效应和总效应。

表8-6中数据显示：第一，在东部地区、中部地区和东北地区，房地产价格受相关地级市房地产价格的显著影响，而在西部地区，该影响不再显著。这可能是因为，在西部地区内，城市间距离较大，房地产价格之间的相互影响也就较小。第二，在东部地区、东北地区、中部地区和西部地区内，相关地级市城镇率的提高均正向影响本地级市房地产价格（估计系数分别为1.459 2、0.931 2、0.382 8、0.528 6），但只有东部地区在1%的显著水平下影响。这可能是因为东部地区城市密集（城市间空间距离较小），加上"高铁时代"的来临及"大城市病"

的显现，使得东部地区内城市间"可达性"强和"双城生活"成为现实。第三，比较各地区房地产价格因素的总效应可得，城市化率在东部地区(1.276 8)和西部地区(0.503 3)的影响显著为正；房屋建筑竣工面积在中部地区(-0.059 6)的影响显著为负；房地产开发投资额在中部地区(0.005 9)的影响显著为正。

三、城市规模差异

房地产价格及其变化往往也因城市规模的差异而不同，表8-7进一步给出了不同规模城市房地产价格的动态空间杜宾模型估计(CSDMLE)结果。城市规模依据地级市市辖区城市人口数划分。2014年11月，国务院发布《关于调整城市规模划分标准的通知》(国发〔2014〕51号)，将城市划分为五类七档[①]，为确保样本容量，我们将大城市、特大城市和超大城市合并为大城市。表8-7中，列(1)、列(2)、列(3)分别为小城市、中等城市和大城市所在地级市的估计结果。

表8-7中数据显示：第一，大城市所在地级市之间房地产价格相关程度更高，列(3)中房地产价格空间滞后项回归系数的估计值为0.157 2，且高度显著；中等城市和小城市所在地级市之间房地产价格相关程度依次减弱，列(2)、列(1)中房地产价格空间滞后项回归系数的估计值分别为0.130 9、0.045 0，且已不显著。第二，当地城市化率对小城市所在地级市房地产价格的影响更大(0.323 9)，相关地级市城市化率对大城市所在地级市房地产价格的影响更为显著(0.743 0)。第三，房屋建筑竣工面积对大城市所在地级市房地产价格的直接效应(-0.029 5)、间接效应(-0.005 4)和总效应(-0.034 9)均显著为负，而对小城市所在地级市房地产价格的间接效应不显著。这表明增加大城市房屋建筑

----

① 城区常住人口50万以下的城市为小城市，其中20万以上50万以下的城市为Ⅰ型小城市，20万以下的城市为Ⅱ型小城市；城区常住人口50万以上100万以下的城市为中等城市；城区常住人口100万以上500万以下的城市为大城市，其中300万以上500万以下的城市为Ⅰ型大城市，100万以上300万以下的城市为Ⅱ型大城市；城区常住人口500万以上1 000万以下的城市为特大城市；城区常住人口1 000万以上的城市为超大城市。

竟工面积，不仅导致本地房地产价格的下降，还将有利于限制其他地级市房价上涨；而增加小城市房屋建筑竣工面积，也将促使当地房地产价格的下降。

表8-7 空间效应的城市规模差异估计结果

		（1）	（2）	（3）
		durbin_xiao	durbin_zhdeng	durbin_dateda
δ	W.l_recopr	0.045 0	0.130 9	0.157 2***
		（0.34）	（1.04）	（2.83）
τ	L.l_recopr	0.808 2***	0.749 2***	0.773 0***
		（52.28）	（99.01）	（78.67）
β_1	urb_rate	0.323 9***	0.076 3	0.069 4
		（3.38）	（0.96）	（0.92）
β_2	W.urb_rate	1.295 8	0.544 5	0.743 0*
		（1.42）	（0.55）	（1.82）
γ	l_dis_inc	0.011 2	−0.036 4	0.000 3
		（0.44）	（−1.31）	（0.02）
	l_cofsbc	−0.036 7*	0.034 4	−0.029 5***
		（−1.83）	（1.61）	（−5.18）
	l_inre	0.027 4	0.022 8	0.001 0
		（1.45）	（1.26）	（1.05）
	intrat	−0.019 4	−0.013 4	0.007 2
		（−0.98）	（−0.76）	（0.62）
	l_dens_dist	0.011 0	0.003 3	−0.006 9
		（0.23）	（0.06）	（−0.31）
直接效应	urb_rate	0.324 9***	0.081 4	0.076 9
	l_cofsbc	−0.036 3*	0.034 8	−0.029 5***
	l_inre	0.030 3	0.026 1	0.001 2

续表

		（1）	（2）	（3）
		durbin_xiao	durbin_zhdeng	durbin_dateda
间接效应	urb_rate	1.102 8	0.377 8	0.841 4*
	l_cofsbc	0.001 2	0.005 1	−0.005 4**
	l_inre	−0.001 3	0.003 9	0.000 2
总效应	urb_rate	1.427 7*	0.459 2	0.918 3**
	l_cofsbc	−0.035 2*	0.039 9	−0.034 9***
	l_inre	0.029 0	0.030 1	0.001 4

注：1. ***、**、* 分别表示在1%、5%和10%水平上显著；括号中为 t 统计量值；

2. 直接、间接效应的 t 统计量值根据 LeSage 和 Pace（2010）得；

3. 限于版面和本部分关注的主要问题，此表只给出了显著外生解释变量的直接效应、间接效应和总效应。

第六节　本章小结

长期以来，我国学术界从多个方面研究了房地产价格的影响因素，但较少从城镇化角度考虑。美国地理学家诺瑟姆（Northam Ray，1979）提出的城镇化发展 S 形曲线表明，在城镇化的快速发展阶段，市区将出现住房紧张等一系列问题。那么，在当今的中国，城镇化的快速发展是否会促进房地产价格的上涨成为本研究的主要关注点。

首先，本部分使用空间地图与探索性空间数据分析工具研究了2000—2012年间中国商品房平均销售价格与城镇化率的空间分布格局与空间相关特征。结果显示，无论是商品房平均销售价格，还是城镇化率在各年份皆存在明显的空间正相关，且不同区域间商品房平均销售价格与城镇化率的空间关联状况具有不同特征。就其区位分布特征而言，位于 L-L 型地区的地级市主要处于西部地区，而位于 H-H 型地区的地级市主要处于东部地区。

其次，本部分通过空间滞后项来体现房地产价格与城镇化的空间相关性，建立动态空间杜宾模型分析房地产价格的影响因素，特别是城镇化的影响。在这里动态空间杜宾模型可将房地产价格的时间相关性、空间相关性及其他外生影响因素纳到一个统一的计量框架中，使用近十多年270多个地级及以上城市数据进行实证分析。计量结果发现：一方面，上一期的房价、相关地区的房价、城镇化、房屋供给及房地产开发投资皆会影响当地的房地产价格；另一方面，若忽略了房地产价格的空间相关，将高估各因素对房地产价格的影响，但城镇化的影响被高估成分最小，即城镇化对房地产价格的影响相对被低估了，这也部分解释了现有文献对此问题的争议。

再次，为了充分探讨空间计量模型中回归系数所包含的交互信息，在计量分析之后，我们通过估计总效应、直接效应和间接效应来测度城镇化率及其他外生解释变量对房价的影响程度与方式。总效应的测度结果表明，城镇化进程是推动房地产价格上涨的重要因素，其影响程度与房地产开发投资、房屋供给增加基本相似；直接效应和间接效应则显示，一个地区城镇化进程的加快，既会导致当地房地产价格的上涨(直接效应)，同时也会导致相关地区房地产价格的上涨(间接效应)。显然，对单个相关地区间接效应要远小于直接效应，且城镇化率的提升通过两种方式影响当地房地产价格的上涨，其一是通过直接增加对当地房地产的需求，由回归系数体现，其二是通过增加对相关地区房地产的需求，由"反馈效应"体现。

最后，本部分所关注的另一个重要问题是城镇化影响房地产价格的空间效应是否存在差异性。从空间距离、地理区位、城市规模角度进行了分析，实证结果表明，就空间距离而言，城镇化的直接效应、间接效应和总效应均随着空间相关距离的增大而减弱，城市间房地产价格的空间相关性也将随着城市间空间距离的增大而减小；就地理区位而言，房地产价格空间相关程度在东北地区最高，城镇化的直接效应在东北地区最强，城镇化的间接效应在东部地区最强；就城市规模而言，房地产价格空间相关程度在大城市更高，城镇化的直接效应在小城市更大，城镇化的间接效应在大城市更显著。

第九章 基于共同冲击因素的区域房价异质性效应分析

第一节 引 言

作为国民经济的支柱产业，房地产业的发展在城市化进程中具有不可或缺的重要作用，不仅是国民幸福度的重要体现，也是政府和居民最关注的产业之一。2003年以来，各级政府实施了一系列调控政策，从"国八条""国六条""国四条"到"限购""限贷""限价"及"房产税"，从"单一"政策到"组合拳"政策。尽管调控力度越来越强，但是高房价仍未完全"降服"，甚至出现了"越控越涨"的奇异现象。其中，最值得关注的是：国内外重大经济事件、房地产宏观调控政策与房地产市场反应，呈现出高度的经济关联性。这意味着必须深入探究我国房价调控政策相关的内在机制。

图9-1清楚显示：第一，房地产价格增速的波动幅度远远大于国内生产总值（GDP）增速的波动幅度，这表明房地产价格除受经济基本面因素影响外，还受其他因素变动的影响，而并非现有研究中经济基本面的因素；第二，房地产价格在一定程度上受房地产市场宏观调控政策的影响，在政府宏观调控政策出台的每一个节点上，房地产价格都表现出了相应的变动，从直观上观察，房地产市场宏观调控政策会对房地产价格产生影响，这种影响是否显著有效有待

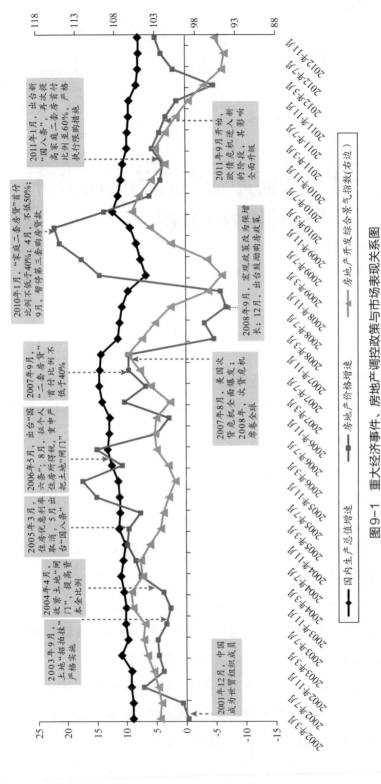

图9-1　重大经济事件、房地产调控政策与市场表现关系图

注：数据来源于中经网统计数据库，部分宏观调控政策资料根据《2003年以来房地产市场宏观调控政策研究》。

进一步分析；第三，房地产价格不可避免地受国内、国际重大经济事件发生形成的冲击影响，如"非典"时期，我国房地产价格的低速增长，美国次级房贷危机爆发后房地产价格的大幅下跌，以及欧洲主权债务危机发生后房地产价格又一次下跌[①]。由此可见，基于重大事件(包含政策冲击)的市场反应分析，是厘清我国房地产经济规律的重要问题；而将政府调控行为本身看作市场作用的一部分，是厘清房地产调控机制的关键要素。

基于上述事实，重大事件(包含政策冲击)对房地产市场的影响日趋受到关注，如周京奎(2005)、杨刚等(2012)、林素钢(2012)、海闻等(2003)、刘纪学等(2009)，等等。至目前为止，研究主要集中在单一政策或单一事件对房地产价格的影响。需要指出的是，房地产价格的形成及其变动往往受到多方面因素的共同影响，且某些因素往往是不可观测的。对此，本部分运用共同因子模型进行刻画，着重分析重大事件与我国房地产市场变动的内在关系。

第二节 文献回顾

作为一个复杂的经济子系统，关于房地产价格形成及其变动的大量研究归纳起来主要包括三个层面，即经济基本面对房价的影响、区域房价本身相互联动、政府宏观层面的房价调控政策。

经济基本面在房价影响因素研究中最先受到学者们的关注。Bramley(1993)、Abraham 和 Hendershott (1994)、Green (1999)等认为实际建筑成本、居民收入的增长率、就业率、税后实际利率、土地供给数量等是房地产价格的决定因素。Krainer (2005)认为房价由家庭(需求方)和建筑单位(供给方)共同决定，

[①] 这并不表明房地产价格的变动由这些事件决定，而是体现出这些事件的发生对房地产价格产生影响。

影响需求方决策的重要变量是期望的永久收入与财富、投资回报率及人口，而影响供给方决策的重要变量为建筑材料及土地成本、融资成本和房屋数量。Hwang 和 Quigley（2006）利用美国面板数据分析了收入、建筑成本和当地经济状况对房价的影响。我国学者也从不同角度讨论了经济基本面对房地产价格影响。沈悦和刘洪玉（2004）利用1995—2002年我国14个城市的住宅价格指数与宏观经济基本面相关变量平行数据，实证研究了经济基本面与住宅价格之间的互动关系。梁云芳和高铁梅（2006）从需求、供给和资本的可获得性对住宅价格进行分析，发现土地价格、上一期住宅价格波动和利率的变动对住宅价格有较大影响。梁云芳和高铁梅（2007）基于误差修正模型讨论了房价区域波动差异的成因，得出信贷规模对东、西部地区的影响比较大，实际利率对各地区影响差异不大，且影响较小。严金海（2006）研究了房价与地价的关系，结果表明，短期内房价决定地价，长期内二者相互影响。宫汝凯和黄宗远（2012）考虑了制度性因素（分税制改革、土地财政）对中国城镇房价持续快速上涨的影响。

在探讨经济基本面因素对房地产价格的影响时，一些学者们不约而同地假设各地区房价相互独立，这一假设无论在理论上还是实证上都受到了另一些学者的广泛质疑，他们认为各地区房价之间本身相互影响。Meen（1996）与 Wood（2003）运用"波纹效应"[①] 从理论上探讨了房价区域互动的产生机制与形成原因，这一理论在区域房价互动关系研究中长期占主导地位，表现出空间连续性。Wood（2003）进一步指出"波纹效应"假说意味着各区域的房地产价格长期来说应该是趋同的，从而在实证过程中学者会检验区域房价的趋同性，在长期趋势存在的前提下进一步探讨各地区房价的因果关系，寻找中心区域房价与周边区域房价存在着的"领先－滞后"关系。MacDonald 和 Taylor（1993）、Alexander 和 Barrow（1994）、Munro 和 Tu（1996）、Smyth 和 Nandha（2003）、Gupta 和

---

① "波纹效应"（ripple effect）指出房地产价格在空间上的传递会呈现出某种规律性，一些地区房地产价格的变动会如同水中波纹一样引起周边地区房价依次产生变动。

Miller（2009）等运用协整技术（主要是 Engle-Granger 协整检验和 Johanson 协整检验）验证了英、美等国区域房价的趋同性，并通过格兰杰因果检验探索存在共同趋势地区间的因果关系。王松涛等（2008）借鉴区域房价的"波纹效应"理论，应用 Johansen 协整关系检验、多变量格兰杰因果关系检验分析了我国5个主要区域市场城市房价之间的互动关系。Johansen 协整关系检验结果表明，虽然各城市房价的短期波动存在较大差异，但长期来看房价运行却具有相互制约的稳定关系；多变量格兰杰因果关系检验结果表明，在每个区域市场内部，都存在多个统计显著的因果关系。黄飞雪等（2009）应用 Engle-Granger 协整检验、误差修正模型分析了我国副省级以上城市房价的关联，研究结果表明，北京、天津、上海等直辖市房屋销售价格具有较强影响力，沈阳、南京等城市房屋销售价格具有一定影响力，青岛是整个城市房价体系中最为活跃的城市。

为了将二者融合在同一框架下进行分析，学者们将空间计量经济学引入房地产价格研究中。在房价的空间计量模型中，经济基本面因素设定为外生解释变量，而通过空间滞后项（空间滞后模型）、空间误差项（空间误差模型）或二者之和（广义空间模型）体现区域房价的互动关系。Brady（2011）运用空间滞后模型实证分析了加利福尼亚州的房价，结果发现因变量的空间滞后因子与时间滞后因子的回归系数在5%的显著水平上都显著，这表明加利福尼亚州的房价既受时间滞后的影响也受空间滞后的影响。陈浪南和王鹤（2012）运用广义空间动态面板数据模型检验了我国省区市房价的互动关系，实证结果表明我国区域房价存在显著的相关性，且相关程度与空间距离及经济特征关联。尽管空间计量模型中同时考虑了经济基本面和区域互动对区域房价的影响，但通过空间滞后项或空间误差项所体现的区域互动关系[①]本质上是一种截面弱相关，它是指一个地区的房价波动通过劳动力流动、资本流动、信息传播等方式传递给其他

[①] 或者说，不同于协整检验和因果检验，空间滞后项和空间误差项所体现的区域房价相关是验证"波纹理论"效应的另一种技术。

地区。从而，它无法解释由宏观调控政策和国内、国际重大经济事件等因素所引起的各区域房价的同期互动关系(本质上是一种截面强相关[①])。事实上，在房价相关研究中常用的城市或地区面板数据，由于凌驾于当地控制因素的存在(如上一级行政机构所采用的措施、经济突发事件)，这种同期强相关时常存在，而且相对于截面弱相关，它的影响更大。

针对宏观政策的影响，学者们主要考察了房地产市场上受政策调控影响的变量与房价的关系。周京奎(2005)利用4个直辖市房地产价格数据和宏观经济数据，对住宅价格与货币政策之间的互动关系进行实证研究，发现货币政策是决定房地产价格的重要因素。王爱俭和沈庆劼(2007)探讨了人民币汇率价格与房地产价的关系，认为当前的房价高涨是汇率管制下市场自身为经济高速增长选择的应力释放点。余华义(2010)发现土地供应量对房价的影响显著为负，而信贷对房价的影响显著为正。杨刚等(2012)比较分析了两类货币政策工具(信贷与利率)对不同区域房价的动态影响特点，发现这两类工具对各区域房价都有影响且影响力在不断扩大。但单通过房地产市场上受政策调控影响的变量来分析房价并不能完全替代调控政策对房价的影响。首先，这些宏观政策并不完全为房价服务，而只是某段时间针对房价，从而往往有夸大这类调控政策效应之嫌；然后，这些变量往往反映的是某一类政策，而我国现在实行的是"组合拳"政策，因而它的作用不能代表调控政策的作用，也不能消除由此引起的截面强相关。

综上所述，目前的研究多是在分析单一因素或某一层面因素对房地产价格形成与变动的影响，实际上房地产价格的形成与变动往往是由多因素决定，特别是重大事件所形成的外生冲击[②]，而这一方面的研究还很缺乏。本部分将

---

① 关于截面强相关、弱相关的概念、区别、表现形式以及具体证明参见 Sarafidis 和
　 Wansbeek（2012）。

② 外生冲击是指来自外部的政策或者环境的变化，而非房地产市场自我运行所产生的
　 改变而导致的冲击。

在现有研究基础上，综合运用共同因子模型与主成分分析法[①]分析房地产价格形成与变动的内在机理。之所以采用共同因子模型，原因在于：

(1)能将影响房地产价格的各层面因素尽数包含其中，在共同因子模型[②]中，将反映经济基本面因素的可观测指标作为解释变量纳入主方程，而将不可观测的外生冲击引入残差方程，同时允许解释变量受共同冲击的影响。

(2)能较好地刻画重大事件对房地产市场的内在影响，因子结构在解释各类不可观测共同冲击本身对房地产价格影响的同时，因子载荷系数的差异可以刻画不同地区对共同冲击反应的异质性。

第三节　截面强相关基本内涵与测度

针对截面相关的概念与性质，Forni 和 Lippi（2001）从双维度过程(包括时间维度与个体维度)出发，介绍了异质性随机过程弱相关特征。在此基础上，Deistler 等(2010)进一步给出了满足协方差平稳和谱测度下随机过程的弱相关和强相关定义。Chudik 等(2011)在粒度条件(granularity conditions)下，给出了任意时点上截面弱相关和截面强相关的概念及特征。

一、截面相关概念

记双指标过程 $\{z_{it}, i \in \mathbb{N}, t \in \mathbb{Z}\}$，其中 z_{it} 定义为一个合适的概率空间，下标 t 为序列标志如时间，i 为个体。我们假设：

··

① 主成分分析法是通过数学变换的方法将一组相关的变量转换另一组不相关的变量，这组新的变量按方差的大小降序排列，依次定义为第 i 主成分，并按一定的标准选取部分变量体现原有变量绝大部分信息，达到降维作用。这种方法能将高维空间问题转化到低维空间处理，使问题变得简单、直观，又不失原有指标信息。

② 在模型估计过程中，运用不可观测共同因子的代量变量得到主方程参数的一致估计量，Coakley 等（2002）、Pesaran（2006）、Eberhardt 和 Bond（2009）等在这方面做了大量研究。

假设1：对任意 $t \in T \subseteq Z$，$z_t = (z_{1t}, \cdots, z_{Nt})'$ 具有零均值 $E(z_t) = 0$，且方差为 $\mathrm{var}(z_t) = \Sigma_t$，其中 Σ_t 为一个 $N \times N$ 对称非负定矩阵。Σ_t 中第 (i, j) 元素记为 $\sigma_{ij,t}$，$\forall i = 1, 2, \cdots, N$，$0 < \sigma_{ij,t} \leqslant K$ 是一有界常数。

基于 Σ_t 的截面相关测度方式有如下几类。第一类，通过 Σ_t 的最大特征根（这也是现有文献讨论最多的）测度，记为 $\lambda_1(\Sigma_t)$，如 Bai 和 Silverstein（1998），Hachem 等（2005）。然而，当 N 相对于 T 较大时，基于样本方差 Σ_t 估计的 $\lambda_1(\Sigma_t)$ 是低质的且在分析截面相关时也会存在问题。第二类，通过矩阵范数测度，定义为 $\|\Sigma_t\|_1 = \max_{j \in \{1,2,\cdots,N\}} \sum_{j=1}^{N} |\sigma_{ij,t}|$，（Chudik et al., 2011）。第三类，通过截面平均（或加权平均）测度（经常用于计量经济面板数据中），$\bar{z}_{wt} = \sum_{i=1}^{N} w_{it} z_{it} = w_t' z_t$，其中 z_t 满足假设1，而权重向量 w_t 满足假设2（Chudik et al., 2011；Bailey et al., 2012）。

假设2：对任意 $t \in T \subseteq Z$，$N \in \mathbb{N}$，$w_t = (w_{1t}, w_{2t}, \cdots, w_{Nt})'$ 为一非随机向量，且随着个体维数的增加（$N \to \infty$）满足如下条件：

$$\|w_t\| = \sqrt{w_t' w_t} = o(N^{-\frac{1}{2}}), \tag{9-1}$$

$$\frac{w_{jt}}{\|w_t\|} = o(N^{-\frac{1}{2}}) \tag{9-2}$$

假设2为金融领域内熟知的 granularity condition，可确保权重 $\{w_{it}\}$ 不被少数截面单位主导。Chudik 等（2011）基于 $\bar{z}_{wt}$ 在任意时间 $t \in T$，$N \to \infty$ 的极限行为给出了截面强相关与截面弱相关的定义。

定义1：在任一给定时点 $t \in T$，对任意满足 granularity condition(9-1)~(9-2) 的权重向量 $\{w_t\}$ 若：

$$\lim_{N \to \infty} \mathrm{var}(w_t' z_t) = 0 \tag{9-3}$$

则称序列 $\{z_{it}\}$ 存在截面弱相关（CWD）；

$$\mathrm{var}(w_t' z_t) \geqslant K > 0 \tag{9-4}$$

则称序列 $\{z_{it}\}$ 存在截面强相关（CSD）。

由定义1可知，在面板数据模型中，存在两种类型的截面相关：截面弱相关和截面强相关。截面弱相关考虑的是$N \to \infty$时，Σ_t(序列$\{z_{it}\}$在时点t的方差－协方差矩阵)所有特征根有限的情形；而截面强相关考虑的是Σ_t存在无穷特征根的情形。同样，针对截面相关的检验，相关文献存在两条主线：第一，对截面个体排序数据集(如空间观测值、来自某一给定的经济或社会网络的观测值)，主要出现在空间计量文献中，通过Moran's I检验统计量(全局空间自相关指标)、Moran散点图和LISA检验统计量[①]（局部空间自相关指标，将其他可视化可得LISA聚集图)可以测度出经济现象空间自相关程度[②]，本质是检验截面弱相关的存在性；第二，对截面个体未排序数据值，主要检验方法基于两两相关系数(ρ_{ij})，有LM_s、LM_{Adj}、CD_P（Pesaran，2004)等检验统计量，本质是检验截面强相关的存在性。

二、CD 检验统计量

本书中，截面相关检验有两种用途：第一，在实证之前，对模型中涉及的各变量进行检验，作为单位根检验和模型设定检验的标准；第二，在实证之后，对回归残差进行检验，作为模型估计方法选取的标准。为了检验面板数据是否存在截面相关，Pesaran（2004)基于相关系数本身提出了一个具有良好小样本性质的检验统计量——CD（cross-section dependence）统计量：

$$CD = \sqrt{\frac{2T}{N(N-1)}}(\sum_{i=1}^{N-1}\sum_{j=i+1}^{N}\hat{\rho}_{ij}) \tag{9-5}$$

其中：$\hat{\rho}_{ij} = \sum_{t=1}^{T}e_{it}e_{jt}\left/\left(\sqrt{\sum_{t=1}^{T}e_{it}^2}\sqrt{\sum_{t=1}^{T}e_{jt}^2}\right)\right.$，$e_{it}$为变量的自回归残差。在截面不相

[①] 如 Wilhelmsson（2002）、Le Gallo 和 Ertur（2003）、张晓旭和冯宗宪（2008）、李婧等（2010）、钱晓烨等（2010）、任英华等（2010）等运用这些指标分析了一些经济现象的空间相关性。

[②] 其他学者也给出了一些度量局部空间自相关的指标，如 Getis 和 Ord（1992）、Ord 和 Getis（1995）、Ord 和 Getis（2001），但这些指标应用不广泛。

关的原假设下，CD 统计量依分布收敛于标准正态分布。

三、区域房价截面强相关测度

(一) 房价相关系数

为表明区域房价截面强相关的存在性，我们首先计算了四大经济板块(东部地区、东北地区、中部地区、西部)[1]与八大综合经济区(东北综合经济区、北部沿海综合经济区、东部沿海综合经济区、南部沿海经济区、黄河中游综合经济区、长江中游综合经济区、大西南综合经济区、大西北综合经济区)[2]内部及之间的相关系数，具体结果见表9-1。

表9-1为两种分区标准下，各区域内与各区域间房价(省、区、市)的平均相关系数矩阵表，其中对角线上的元素为区域内房价的平均相关系数，而非对角线上元素为区域间房价的平均相关系数。

由表9-1可知，无论运用哪种分区标准，各区域房价之间相关程度均极高(平均相关系数值都大于0.8)。从地理区域看(表9-1中(ⅰ)部分)，东部地区和中部地区房价相关程度最高，平均相关系数达到0.97，西部地区房价相关程度最低，平均相关系数为0.91，低于其他地区，这也从侧面验证了我国房地产市场上"波纹效应"的存在，即其他地区房价的变化将传递至西部地区。从经济区域看(表9-1中(ⅱ)部分)，东部沿海地区与长江中游地区房价的相关程度最高，

------

① 东北地区：黑龙江、吉林、辽宁；东部地区：北京、天津、上海、河北、山东、江苏、浙江、福建、广东、海南；中部地区：山西、河南、湖北、安徽、湖南、江西；西部地区：内蒙古、新疆、宁夏、陕西、甘肃、青海、重庆、四川、西藏、广西、贵州、云南。

② 东北综合经济区：辽宁、吉林、黑龙江；北部沿海综合经济区：北京、天津、河北、山东；东部沿海综合经济区：上海、江苏、浙江；南部沿海经济区：福建、广东、海南；黄河中游综合经济区：陕西、山西、河南、内蒙古；长江中游综合经济区：湖北、湖南、江西、安徽；大西南综合经济区：云南、贵州、四川、重庆、广西；大西北综合经济区：甘肃、青海、宁夏、西藏、新疆。

平均相关系数达到0.98，而在西北部地区房价的相关程度相对不高，平均相关系数为0.83，这主要是因为西藏房价与其他省份房价相关性不足够强。从省域房价的两两相关系数来看，其他省份之间房价的相关系数均高于0.90，而西藏房价与其他省份房价的相关系数不高于0.75。

表9-1　各区域房价的平均相关系数

（ⅰ）四大经济板块			
	东部	东北	中部	西部
东部	0.97	–	–	–
东北	0.97	0.96	–	–
中部	0.96	0.96	0.97	–
西部	0.93	0.94	0.94	0.91

（ⅱ）八大综合经济区							
	东北	北沿	东沿	南沿	黄中	长中	西南	西北
东北	0.96	–	–	–	–	–	–	–
北沿	0.96	0.97	–	–	–	–	–	–
东沿	0.97	0.97	0.98	–	–	–	–	–
南沿	0.97	0.97	0.97	0.96	–	–	–	–
黄中	0.97	0.96	0.97	0.96	0.97	–	–	–
长中	0.97	0.96	0.97	0.97	0.97	0.98	–	–
西南	0.97	0.96	0.96	0.96	0.97	0.97	0.97	–
西北	0.90	0.88	0.90	0.88	0.90	0.91	0.90	0.83

注：1.各区域所包括的省、自治区、直辖市见上页脚注；

　　2.各个平均相关系数由样本两两相关系数平均而得；

　　3.数据来源于历年《中国统计年鉴》。

(二)房价截面强相关检验

针对各区域房价之间表现出来的极高相关程度，本部分运用CD检验统计量检验各区域房价强相关的显著性，表9-2给出了各区域房价的相关系数、CD

统计量估计值及对应概率值。

由表9-2可知，无论在全国范围内，还是在四大经济板块和八大综合经济区内，CD检验统计量均拒绝房价间不存在截面强相关的原假设（显著水平为1%）。从而，在进行具体实证分析过程中，考虑截面相关是十分必要的。

表9-2 各区域范围内房价截面强相关检验结果

区域范围	CD-test	p-value	corr	abs（corr）
全国	76.10	0.00	0.94	0.94
东部	24.33	0.00	0.97	0.97
东北	6.23	0.00	0.96	0.96
中部	14.09	0.00	0.97	0.97
西部	27.80	0.00	0.91	0.91
东北	6.23	0.00	0.96	0.96
北沿	8.85	0.00	0.97	0.97
东沿	6.37	0.00	0.98	0.98
南沿	6.20	0.00	0.96	0.96
黄中	8.85	0.00	0.97	0.97
长中	8.97	0.00	0.98	0.98
西南	11.50	0.00	0.97	0.97
西北	9.79	0.00	0.83	0.83

第四节 模型建立与研究方法

一、共同因子模型的设定

根据上述分析以及本部分的主要研究目标，现将我国区域房价模型设定为如下近因子模型：

$$p_{it} = \beta_i' x_{it} + u_{it} \quad ; \quad u_{it} = \alpha_i + \lambda_i' f_t + \varepsilon_{it} \tag{9-6}$$

$$x_{mit} = \pi_{mi} + \boldsymbol{\delta}_{mi}' g_{mi} + \rho_{1mi} f_{1mi} + \cdots + \rho_{nmi} f_{nmi} + v_{mit} \tag{9-7}$$

其中：$i = 1, \cdots, N$；$t = 1, \cdots, T$；$m = 1, \cdots, k$；$f_{mt} \subset f_t$。

式(9-6)中，p_{it} 为地区 i 在第 t 期的房价；x 为影响房价的可观测因素；β_i 为具有固定均值和方差的随机异质参数（$\beta_i = \beta + v_i$，其中 $v_i \sim iid(0, \Omega_v)$），不可观测因素则通过个体效应 α_i 和共同因子 f_t 联合测度，而因子载荷 λ_i 允许个体对共同因子反映异质。式(9-7)的引入主要是为了体现可能存在的内生性问题（$f_{mt} \subset f_t$），直观上可理解为一些影响 p_{it} 的某些不可观测因素同时也有可能影响 x_{it} 中的某些变量。同时，该模型既不要求序列平稳(即允许 p_{it}, x_{mit} 存在单位根)，也允许 ε_{it} 存在截面弱相关。

二、研究思路与方法

上述模型中最大限度地包含了影响房价的各种因素，但这种设定是否有必要，须首先做必要的检验分析。

(一)面板单位根检验

目前，面板单位根检验[①] 统计量种类繁多，Breitung 和 Pesaran（2008）将考虑了截面相关的面板单位根检验作为第二代检验统计量，以区别未考虑截面相关的面板单位根(第一代检验统计量)。由于本部分考虑的是异质面板数据模型，从而在第一、二代检验统计量中分别选取 IPS 检验统计量和 CIPS* 检验统计量(原假设均为存在单位根)进行分析。

Im 等(2003)构建的 IPS 统计量为

$$t_{\text{IPS}} = \frac{\sqrt{n}\left(\bar{t} - \dfrac{1}{n}\sum_{i=1}^{n} E\big[t_{iT}(p_i)\big]\right)}{\sqrt{\dfrac{1}{n}\sum_{i=1}^{n} \text{var}\big[\bar{t}_{iT}(p_i)\big]}} \tag{9-8}$$

---

① 面板单位根检验同样有两种用途：第一，检验各变量是否平稳；第二，作为回归方法选取的标准。

其中：$\bar{t}$ 为 $t_{iT_i}(p_i)^{\textcircled{1}}$ 的平均值，$E\left[t_{iT}\left(p_i\right)\right]$、$\mathrm{var}\left[t_{iT}\left(p_i\right)\right]$ 通过模拟得到，该统计量服从标准正态分布。

Pesaran（2007）构建的 CIPS* 统计量为

$$CIPS^* = \frac{1}{n}\sum_{i=1}^{n} t_i^*\left(n,T\right) \tag{9-9}$$

其中：$t_i^*(n,\ T)$ 由 $t_i(n,\ T)^{\textcircled{2}}$ 进行如下修正得：

$$\begin{cases} t_i^*\left(n,T\right) = t_i\left(n,T\right), & -K_1 < t_i\left(n,T\right) < K_2 \\ t_i^*\left(n,T\right) = -K_1, & t_i\left(n,T\right) \leqslant -K_1 \\ t_i^*\left(n,T\right) = K_2, & t_i\left(n,T\right) \geqslant K_2 \end{cases}$$

对 $t_i(n,\ T)$ 修正后，可得到更好的小样本性质，各种情况下 K_1，K_2 的值及 CIPS* 临界值见 Pesaran（2007）。

（二）估计方法

针对方程式(9-6)，Eberhardt 和 Bond（2009）提出了 AMG（augmented mean group）估计量，它通过在回归方程中引入"共同动态效应"（common dynamic effect）体现截面相关，该变量由一阶差分方程中时间虚拟变量的回归系数得，具体估计过程如下：

第一步：$\Delta y_{it} = b'\Delta x_{it} + \sum_{t=2}^{T} c_t \Delta D_t + e_{it}$ \hspace{1em} (9-10)

$$\Rightarrow \hat{c}_t \equiv \mu_t^{\bullet}$$

第二步：$y_{it} = \alpha_i + b_i'x_{it} + c_i t + d_i\hat{\mu}_t^{\bullet} + e_{it}$ \hspace{1em} (9-11)

$$\hat{b}_{AMG} = N^{-1}\sum_i b_i$$

---

① $t_{iT_i}(p_i)$ 是对每个截面，估计 $\Delta y_{it} = \rho_i y_{i,t-1} + \sum_{L=1}^{p_i}\theta_{iL}\Delta y_{i,t-L} + \alpha_{mi}d_{mt} + \varepsilon_{it}$ 得到的 ρ_i 估计值对应的 t 统计量，具体见 Im 等（2003）。

② $t_i(n,\ T)$ 是对每个个体，估计 $\Delta y_{it} = a_i + b_i y_{i,t-1} + c_i\bar{y}_{t-1} + \sum_{j=0}^{p}d_{ij}\Delta\bar{y}_{t-j} + \sum_{j=1}^{p}\delta_{ij}\Delta y_{i,t-j} + e_{it}$ 得到的 b_i 估计值对应的 t 统计量。

第一阶段的估计为一个标准的 FD-OLS 回归(通过引入 $T-1$ 个差分后的时间虚拟变量实现),主要是为了得到时间虚拟变量的回归系数 $\hat{c}_t$,记为 $\hat{\mu}_t^*$ 。之所以采用差分方式,是因为不平稳变量及不可观测的共同因子会导致 POLS 估计有偏,并且解决了 β 的识别问题。第二阶段,将 $\hat{\mu}_t^*$ 引入水平方程,并对每一个个体估计,得 $\hat{b}_i$,类似于 MG (Pesaran and Smith, 1995)过程,对 $\hat{b}_i$ 取平均,得 $\hat{b}_{\text{AMG}}$ 。

(三)因子个数

为了重点研究共同冲击对房价的影响,本部分在回归分析之后,运用主成分分析法对回归残差进行分析,得到共同因子 f_t 与因子载荷 λ_i (Bai, 2003)。Bai 和 Ng (2002)首先给出了确定共同因子个数的六个标准:

$$PC_{p1}(k) = V(k,\hat{F}^k) + k\hat{\sigma}^2 \left(\frac{N+T}{NT}\right)\ln\left(\frac{NT}{N+T}\right) \quad IC_1(k) = \ln(V(k,\hat{F}^k)) + k\left(\frac{N+T}{NT}\right)\ln\left(\frac{NT}{N+T}\right)$$

$$PC_{p2}(k) = V(k,\hat{F}^k) + k\hat{\sigma}^2 \left(\frac{N+T}{NT}\right)\ln C_{NT}^2 \qquad IC_2(k) = \ln(V(k,\hat{F}^k)) + k\left(\frac{N+T}{NT}\right)\ln C_{NT}^2$$

$$PC_{p3}(k) = V(k,\hat{F}^k) + k\hat{\sigma}^2 \left(\frac{\ln C_{NT}^2}{C_{NT}^2}\right) \qquad IC_{p3}(k) = \ln(V(k,\hat{F}^k)) + k\left(\frac{\ln C_{NT}^2}{C_{NT}^2}\right)$$

$$(9\text{-}12)$$

其中: $V(k,\hat{F}^k) = N^{-1}\sum_{i=1}^{N}\hat{\sigma}_i^2$, $\hat{\sigma}_i^2 = e_i'e_i/T$ [①];实证中 $\hat{\sigma}^2$ 可由 $V(k\max,\hat{F}^{k\max})$ 替代;

$C_{NT}^2 = \min\{N, T\}$ 。

三、数据来源与处理

鉴于数据的可获得性,本部分使用我国2002年第一季度至2012年第四季度的省际面板数据[②](西藏自治区数据多指标缺失,未包含在内)进行实证分析。

---

① $\hat{e}_{it} = u_{it} - \hat{\lambda}'\hat{F}_t$ 由 $V(k,\hat{F}^k) = \min_{\Lambda}(NT)^{-1}\sum_{i=1}^{N}\sum_{t=1}^{T}(\hat{u}_{it} - \lambda_i^k F_t^k)^2$ 得,其中 $\hat{u}_{it}$ 为实证模型回归残差。

② 根据《中国房地产统计年鉴》可获得城市相关年度数据(2000—2011年),但由于数据时间较短,不能满足研究方法的要求,从而未用。

数据主要来源于中国经济信息网经济统计数据库。指标[①]包括商品房销售额、商品房销售面积、城镇居民实际人均可支配收入、房屋竣工面积、土地购置费、土地购置面积、房地产投资资金来源、房地产投资资金来源中自筹资金。因变量商品房平均销售价格由商品房销售额除以商品房销售面积得，自变量中土地价格由土地购置费除以土地购置面积得，信贷扩张指标由房地产投资资金来源减去自筹资金得，相关变量均扣除了价格因素的影响。

第五节　单位根检验与估计结果分析

一、单位根检验结果

现对商品房平均价格（price）、商品房竣工面积（ere）、城镇居民人均可支配收入（income）、信贷扩张（credit）、土地价格（land）这五个变量及其一阶差分进行面板单位根检验，检验方法选取本章第三节介绍的 IPS 检验统计量和 CIPS* 检验统计量，具体结果见表9-3和表9-4。

表9-3　变量的面板单位根检验结果

Variable	仅含截距项				含截距和线性趋势项			
	IPS		CIPS*		IPS		CIPS*	
	t–bar	P–value	t–bar	P–value	t–bar	P–value	t–bar	P–value
price	−1.16	0.96	−1.68	0.70	−1.76	0.99	−1.69	1.00
ere	−0.69	1.00	−2.04	0.06	−1.96	0.81	−2.09	0.94
income	−0.51	1.00	−2.00	0.09	−2.18	0.29	−1.99	0.99
credit	−0.85	1.00	−1.58	0.87	−2.12	0.42	−1.91	1.00
land	−0.05	1.00	−1.81	0.41	−1.57	1.00	−2.34	0.50

注：由于本部分使用的是季度数据，所以在进行变量的面板单位根检验时，滞后阶数取4。

....

① 指标选取过程中综合考虑了沈悦和刘洪玉（2004）、梁云芳和高铁梅（2007）等的研究。

表9-3中，无论是否包含线性趋势，各变量的 IPS、CIPS* 值皆显示，在5%的显著水平下，接受存在单位根的原假设。这说明所有变量均为非平稳序列，从而需要进一步对其差分变量进行面板单位根检验。由表9-4可知，差分后各变量均为平稳序列，这表明商品房平均价格、商品房竣工面积、城镇居民人均可支配收入、信贷扩张、土地价格皆为 $I(1)$ 变量。

表9-4　变量差分后的面板单位根检验结果

Variable	仅含截距项				含截距和线性趋势项			
	IPS		CIPS		IPS		CIPS	
	t-bar	P-value	t-bar	P-value	t-bar	P-value	t-bar	P-value
$\Delta price$	−2.79	0.00	−2.92	0.00	−2.87	0.00	−3.17	0.00
Δere	−3.40	0.00	−3.38	0.00	−3.50	0.00	−3.46	0.00
$\Delta income$	−4.64	0.00	−3.19	0.00	−4.75	0.00	−3.37	0.00
$\Delta credit$	−3.89	0.00	−2.94	0.00	−3.91	0.00	−3.27	0.00
$\Delta land$	−3.05	0.00	−3.05	0.00	−3.30	0.00	−3.14	0.00

注：由于本部分使用的是季度数据，所以在进行变量的面板单位根检验时，滞后阶数取4。

二、计量模型的估计结果

为了方便比较，本部分运用了四种方法对模型进行估计：①混合样本最小二乘估计（POLS）；②固定效应模型最小二乘虚拟变量估计（LSDV）；③异质面板组平均估计（MG）；④扩展的组平均估计（AMG）。其中，前两种估计方法针对同质系数模型，而后两种估计方法针对异质系数模型；四种方法中只有AMG考虑了模型的截面相关性。模型的具体估计结果由表9-5给出，其中前半部分为变量的回归系数及对应 t 值，后半部分主要为一些检验统计量的值。

首先，我们对回归系数进行初步讨论。表9-5中，四种估计方法下，所有变量的回归系数均显著，表明商品房竣工面积（ere）、城镇居民人均可支配收入（income）、信贷扩张（credit）、土地价格（land）皆是影响当地房价的重要因素。商品房竣工面积系数显著为负，表明增加商品房供给有利于房价下跌；城镇居民人均可支配收入、信贷扩张、土地价格系数为正，表明居民收入增长、信贷扩张、土地价格上涨将促进房价上涨。进一步比较四种估计方法下的回归系数发现：所有变量的 POLS、LSDV 和 MG 估计系数均高出 AMG 估计系数许多，且幅度都超过了93%[①]。这可能是因为 POLS、LSDV 和 MG 估计未考虑房价的截面相关，使得截面相关的影响转移到其他变量中，从而高估了这些变量对房价的影响。事实上，表9-1中的结果（CD 检验)已表明，区域房价间存在明显的截面相关效应。

表9-5　模型的估计结果

变量	（1）	（2）	（3）	（4）
	POLS	LSDV	MG	AMG
ere	-0.583^{***}	-0.284^{***}	-0.459^{**}	-0.128^{***}
	（−8.67）	（−5.42）	（−2.10）	（−2.66）
income	0.956^{***}	0.681^{***}	0.444^{***}	0.064^{**}
	（25.62）	（21.21）	（6.55）	（2.06）
credit	0.025^{***}	0.026^{***}	0.058^{***}	0.011^{**}
	（11.13）	（12.14）	（5.78）	（2.42）
land	0.146^{***}	0.085^{***}	0.091^{**}	0.035^{*}
	（15.85）	（11.84）	（2.26）	（1.76）
_cons	-152.961	601.589^{***}	829.496^{***}	$1\,598.909^{***}$
	（−1.63）	（7.46）	（5.46）	（12.21）
N	1 320	1 320	1 320	1 320
CD-test	55.59^{***}	31.31^{***}	22.74^{***}	0.77
IPS	-1.53	-1.46	-2.02^{***}	-1.95^{***}

----

① 由其他三种估计系数的最小值除以对应的 AMG 估计系数再减 1 后，取最小值乘 100% 得。

变量	（1）	（2）	（3）	（4）
	POLS	LSDV	MG	AMG
CPIS*	−1.45	−1.23	−1.95	−2.09**
r2_a	0.763	0.619		
F	1 064.513	544.579		

注：***、**、*分别表示1%、5%、10%的显著水平，括号中的数值为 t 值。CD-test 用以检验回归残差的截面相关(原假设为变量截面不相关)，IPS、CIPS*用于检验残差的平稳性(原假设为变量存在单位根)。

其次，我们讨论回归模型的诊断项。从 CD 检验可以看出，POLS、LSDV 和 MG 估计均未很好地处理截面相关问题，只有 AGM 估计消除了截面相关；从 IPS、CIPS* 检验看，POLS 和 LSDV 估计的残差存在单位根(为不平稳序列)，很有可能是伪回归，AGM 估计的残差已平稳(IPS、CIPS* 检验在5%的显著水平下，均拒绝存在单位根的原假设)。因而，从模型诊断来看，AMG 估计为最优估计方法。

综上所述，在对区域房价进行实证分析时，考虑其截面相关性是十分有必要的。本章余下部分将以 AMG 估计为基础，运用共同因子探讨区域房价截面相关的具体构成。

第六节　共同冲击影响分析

一、共同冲击估计结果

结合方程式(9-6)和 AMG 估计残差，本部分对其因子结构进行分析。为此，首先需要确定共同因子个数，Bai 和 Ng (2002)指出在小样本下，因子个数判别的六个标准中，IC_1，IC_2，PC_{p1}，PC_{p2} 能获得更稳定的结果，且 IC 标准趋向于低估因子个数，PC 标准趋向于高估因子个数。假定共同因子的个数为

8[①]，根据 IC_1，IC_2，PC_{p1}，PC_{p2} 标准得到的最优共同因子个数分别为2，1，8，2。显然，此时 PC_{p1} 准则已失效，由于 IC 标准趋向于低估因子个数，PC 标准趋向于高估因子个数，所以我们确定最优因子数为2。

在确定最优因子数的基础上，我们根据 Bai（2003）估计共同因子 f_t 与因子载荷 λ_i。图9-2给出了我国区域房价2002年第一季度至2012年第四季度的两个共同因子（分别记为共同因子Ⅰ和共同因子Ⅱ）估计值。表9-6给出了除西藏以外30个省、自治区、直辖市对应的因子载荷（分别记为因子载荷Ⅰ和因子载荷Ⅱ）估计值。共同因子体现了来自外部政策或者环境变化而导致的冲击，因子载荷则体现了各地区房价对共同冲击响应的差异性。

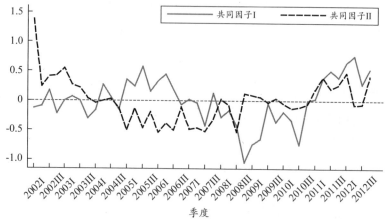

图9-2　2002—2012年各季度共同因子估计结果图

观察图9-2中的共同因子Ⅰ。在2002年第四季度至2004年第一季度，共同因子Ⅰ值为负或零，此时正值"非典"疫情在我国广泛传播之际[②]，这体现了"非典"事件对我国房价负的冲击①。在2004年第二季度至2007年第二季度,共同因子Ⅰ值为正,历年《中国经济形势与预测》报告显示这些年经济环境运行良好,良好的经济运行环境促进了我国房价的普遍较快上涨。在2007年第三季度至2010年第三季度,共同因子Ⅰ值为负,这一时期国际上发生的两大经济事件对我国房价产生了较大冲击:起源于美国房地产市场的次级房贷危机(次贷危机)②与由次贷危机引发的欧洲主权债务危机(欧债危机)③,特别是次贷危机直接导致我国房地产④开发景气指数从2007年11月的106.59%跌至2009年3月的94.74%,共同因子Ⅰ的值也在2008年第四季度达到最小值-1.05。

观察图9-2中的共同因子Ⅱ。2003年第三季度以前,共同因子Ⅱ值皆大于0.22(2003年第三季度的值),1998年至2003年9月之前,我国政府出台了一系列房地产"扶持政策"⑤,促进了我国房地产业的发展,也激发了房价的上涨。2003年第四季度至2008年第三季度,共同因子Ⅱ值基本上为负或零,2004年我国房地产业被列为投资过热行业,直到2008年第三季度,国家针对房地产投资过热和房价上涨过快现象出台了一系列调控政策⑥,通过调控供给和需求

....

① 海闻等(2003)、逄锦聚(2003)全面分析了"非典"对中国经济的影响。

② 2007年2月,次贷危机显现(7日汇丰控股公布次级抵押贷款违约率);2007年7月,次贷危机全面爆发(10日穆迪和标准普尔大规模降低次级抵押贷款债券的信用评级);2008年9月,演化为金融危机,大量金融公司破产。

③ 2009年12月,希腊的主权债务问题凸显;2010年3月,欧洲的主权债务危机全面爆发。

④ 刘纪学等(2009)探讨了次贷危机对我国房地产市场的影响.

⑤ 1998年7月,国务院《关于进一步深化城镇住房制度改革加快住房建设的通知》,国发(1998)23号;2003年8月,国务院《关于促进房地产市场持续健康发展的通知》,国发(2003)18号。

⑥ 2004年4月,国土资源部、监察部《关于继续开展经营性土地使用权招拍挂出让情况执法监察工的通知》,国土资发(2004)71号;2005年5月,国务院办公厅《关于切实稳住住房价格的通知》,国办发(2005)26号;2007年8月,国务院《关于解决城市低收入家庭住房困难的若干意见》,国发(2007)24号。

总量，来抑制过热的投资和房价的过快上涨。2008年第四季度至2009年第二季度，共同因子Ⅱ值为正，为应对金融危机，2008年12月至2009年5月，我国政府重申房地产业为支柱产业，全面放松货币政策和针对房地产业的抑制性政策[①]，推动内需。2009年第三季度以后，共同因子Ⅱ值为负正相间，在此期间，国务院颁布了一系列文件[②]，以遏制房价过快上涨，促进房价合理回归。

综上所述及图9-1与图9-2可得，共同因子Ⅰ体现了国内、国际重大经济事件等经济环境因素对区域房价的影响，我们称之为经济环境因子；而共同因子Ⅱ体现了房价宏观调控政策对区域房价的影响，我们称之调控政策因子。这亦表明，由共同冲击引起的截面相关对我国房价存在显著影响。

表9-6　各地区因子载荷估计结果

地区	因子载荷Ⅰ	因子载荷Ⅱ	地区	因子载荷Ⅰ	因子载荷Ⅱ	地区	因子载荷Ⅰ	因子载荷Ⅱ
北京	−1.53	−1.03	浙江	−0.25	−1.49	海南	−1.03	0.30
天津	−0.15	−1.05	安徽	1.10	−0.47	重庆	1.35	0.09
河北	0.23	0.83	福建	1.05	0.84	四川	1.24	0.17
山西	0.78	−1.15	江西	1.76	0.34	贵州	0.85	0.41
内蒙古	−1.37	0.57	山东	1.51	0.19	云南	1.32	1.20
辽宁	0.57	0.05	河南	1.28	−1.03	陕西	1.54	0.03
吉林	0.18	1.93	湖北	1.09	−1.10	甘肃	0.68	0.32
黑龙江	0.06	1.70	湖南	0.75	−0.44	青海	0.47	−0.01
上海	−1.15	−0.39	广东	−0.11	−1.38	宁夏	0.19	1.44
江苏	1.31	−1.63	广西	−0.72	0.49	新疆	−0.04	2.08

① 2008年8月，国务院办公厅《关于促进房地产市场健康发展的若干意见》，国办发（2008）131号。

② 2009年5月，国务院《关于调整固定资产投资项目资本金比例的通知》，国发（2009）27号；2010年1月，国务院办公厅《关于促进房地产市场平稳健康发展的通知》，国办发（2010）4号；2011年1月，国务院办公厅《关于进一步做好房地产市场调控工作有关问题的通知》，国办发〔2011〕1号，等等。

接下来我们进一步讨论调控政策因子(共同因子Ⅱ)。2003年至2008年前三季度的宏观调控政策起到了一定作用，从数值上看，这段时间的政策调控因子基本上为负，最小值为 −0.54 (2006年第一季度)，从现实房价来看，促进了2004年至2005年上半年及2006年下半年我国房价的低速增长。2008年第四季度的房价政策也达到了预期目的，政策调控因子直接从 −0.53上升到0.12，促进了房地产的复苏，推动了内需。尽管2009年以后的宏观调控政策越来越严厉，但作用不明显，政策调控因子基本上在零左右。这一阶段的房价调控政策主要是通过信贷政策严控投资或投机性需求，然而以下三个事实可能抵消了该阶段调控政策作用：第一，从住房需求结构来看，住房消费性需求(刚性需求)仍占总需求的绝大部分比重，特别是在我国快速城镇化的过程中；另外个体投资者还可通过第一套房贷款、第二套房全额付清以及"假离婚"等方式规避掉部分政策的影响。第二，从货币环境和利率政策来看，持续宽松的货币环境与低利率管制，激励了对商品房的需求，无论是消费性需求(改善住房条件)还是投资、投机性(资产保值、增值及套利)需求。2008—2011年，名义GDP增长了65.4%(平均增速15.6%)，货币存量增长了105%(平均增速20.6%)。截至2011年底，我国名义GDP为473 104亿元，货币存量达851 591亿元，货币存量与名义GDP比高达1.8。而我国一年期定期存款利率长期处于3%左右，扣除通货膨胀因素，实际利率基本上为零或负。这为房地产市场提供了一个"套利"环境，也让居民预期房价会进一步上涨，从而激励了对商品房的需求。第三，从回归结果看，表9-5中信贷扩张因素的回归系数为0.11，是所考虑的四个可观测变量中最小的(且小的幅度比较大)，这也说明了信贷政策对区域房价的影响有限。

二、区域房价响应分析

根据图9-2与表9-6的数据，可进一步研究共同冲击对各区域房价具体影响的差异性。为此，我们首先计算出每一期各省区市房价对经济环境因子和调控政策因子的响应值 ($\lambda_i' f_i$)，并运用聚类分析法进行分组，结果见图9-3和表9-7；然后，在此基础上具体探讨各组的联系与区别，见图9-4。

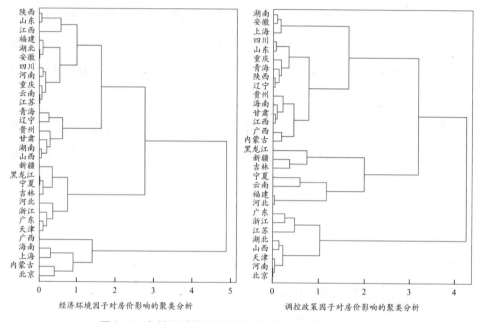

图9-3　各地区房价对两类共同因子响应的聚类分析图

在图9-3中，左图为经济环境因子对各地区房价影响的聚类分组结果，而右图为调控政策因子对各地区房价影响的聚类分组结果。根据图9-3的结果，我们将所考虑的30个省、区、市分为5组[①]，各组所包括的具体省、区、市及个数由表9-7给出。

图9-4给出了表9-7中各组地区房价受经济环境因子和调控政策因子影响的大小，其中第一排为经济环境因子的影响，第二排为调控政策因子的影响。图9-4中各子图的排列顺序与表9-6中的组相对应[②]，即9-4中左上角第一个图为经济环境因子对北京、内蒙古、上海和海南(表9-7中左边第一组)房价的影响，其他依次类推。

① 通过比较发现，分为5组时，恰好将各地区很好分开来。

② 考虑到有的组包含省份较多，从而在图中未给出图例。

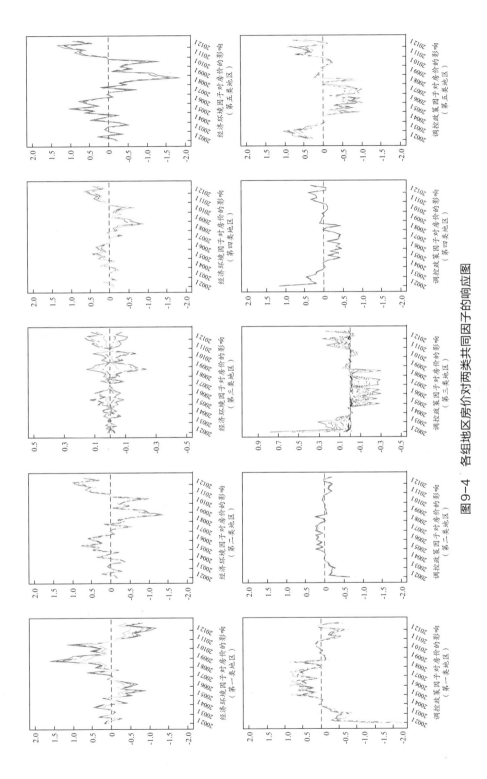

图9-4 各组地区房价对两类共同因子的响应图

表9-7 各共同因子对地区房价影响的聚类分析结果

经济环境因子			调控政策因子		
类别	数量	聚类分组	类别	数量	聚类分组
第一组	4	北京、内蒙古、上海、海南	第一组	8	北京、天津、山西、河南、湖北、江苏、浙江、广东
第二组	1	广西	第二组	3	上海、安徽、湖南
第三组	8	天津、浙江、广东、河北、吉林、宁夏、黑龙江、新疆	第三组	12	内蒙古、广西、贵州、海南、江西、甘肃、山东、四川、重庆、辽宁、陕西、青海
第四组	6	山西、湖南、甘肃、贵州、辽宁、青海	第四组	4	云南、宁夏、河北、福建
第五组	11	江苏、云南、重庆、河南、四川、安徽、湖北、福建、江西、山东、陕西	第五组	3	黑龙江、吉林、新疆

从表9-7和图9-4可知：

（1）各地区房价对各共同因子的反应是异质的。第一组和第五组中各省、区、市房价对因子冲击反应最为敏感，共同因子冲击基本不影响第三组中各省、区、市房价，第二组和第四组介于二者之间，而第一组、第二组与第四组、第五组的区别在于，组间省、区、市房价对共同冲击的反应是反方向的。

（2）房价对经济环境因子冲击的反应基本上与地域无关，而对调控政策因子冲击的反应与地域有一定程度的关系。无论是对经济环境因子冲击反应敏感省份还是不敏感省份，都无明显的地域界线，而对调控政策因子冲击反应敏感区域大多集中在东部沿海和其他边境省份，不敏感区域大多集中在内陆地区。

（3）共同因子的变化较为准确地捕捉了相关事件对房价的影响程度。在次贷危机与欧债危机时期，无论哪一组中的省、区、市，经济环境因子对房价的影响都比其他时期大。而在我国房价调控政策频繁出台的时期（2003—2008年及2011—2012年），调控政策因子皆出现了频繁波动。

第七节　本章小结

2003 年以来，我国政府出台了一系列房价调控政策，与此同时，国内、国际经济形势不断变化(特别是一些重大经济事件的发生)，这些事件势必对我国各地区的房地产价格产生影响，本部分运用近因子模型对影响我国区域房价的各因素进行了分析。首先通过同期相关检验(CD 检验)与单位根检验(IPS 检验、CIPS* 检验)考察区域房价样本数据的特征；然后利用四种估计方法分别估计考虑共同冲击和忽略共同冲击的计量模型，检验结果表明不能忽视共同冲击的存在；最后运用 Bai 和 Ng (2002)、Bai (2003)提出的方法确定、估计共同因子，并详细分析了各共同因子对区域房价的影响。

本部分的主要结论包括：

(1)区域房价受两个共同因子的影响，第一个共同因子体现了经济环境(经济环境因子)对房价的影响，第二个共同因子体现了调控政策(调控政策因子)对房价的影响；

(2)相对于其他经济事件，次贷危机对我国各地区房价的影响最大，相对于其他时期的房价调控政策，2003—2008 年的调控政策更为有效；

(3)各地区对共同冲击的反应是异质的，无论是经济环境因子还是调控政策因子的影响，按区域房价对其反应的方向和强度，可分为五组。

根据本部分的研究结论，我们认为：

(1)在分析我国房地产价格的形成与变动时，除了经济基本面因素，还要充分考虑重大经济事件发生所形成的外生冲击，特别是经济环境与政府调控政策的变化。重大事件的发生往往会导致资产价格的波动，房地产作为一种实物资产，其价格的变动与重大事件的联系更为密切，因而测算重大事件对房地产市场影响的大小对理解房地产价格变动机理有重要意义。

(2)政府在制订房价调控政策时应充分考虑居民的响应及地区差异，新调控政策的出台，无疑会改变居民对房地产市场发展的预判，进而影响其投资行为，改变房地产价格的走向。对政策的制定者而言，在制定政策时不仅要考虑到政策对市场可能产生的作用，还应充分考虑到其对居民的引导作用，防止房价的"反应过度"，而促进各地区房地产市场协调平稳发展。

(3)持续宽松的货币环境与低利率管制，是促使近年来房价过快上涨及部分调控政策无效的一个重要原因。通货膨胀及资产价格的上涨与货币宽松环境显然高度相关，特别是持续的低利率安排，给房地产市场提供了一个"非常确定的套利机会"环境，任何一个社会成员，无论他是居民还是厂商，只要具备足够理性就会在"持有货币资产，还是持有住宅(土地)资产"之间做出明确的决策，因而适当控制货币存量的增速与推进利率市场化进程，将有利于房价合理回归。

第十章 结论与展望

第一节 主要研究结论

一、我国区域房价相关的初步分析的结论

本书主要利用全局自相关指标（Moran's I 统计量）与局部空间自相关指标（LISA 指标）检验我国房地产价格区域相关的存在性（即空间相关性）。利用1999—2009年间我国商品房平均销售价格数据进行实证检验发现，除了2002年以外，我国各地区商品房销售价格表现为显著正的空间自相关，且 Moran's I 值在数值上随时间的推移而增大，这说明我国商品房平均销售价格的空间自相关强度在不断加强，即区域间房价的相互影响越来越大。而 LISA 集聚图显示不存在显著的非典型地区。这些结论都表明我国房地产价格存在明显的空间自相关，因此需要利用空间计量经济学的相关知识来分析我国房地产市场价格，也为本研究的后继分析提供了基础。

二、我国区域房价空间相关分析的结论

为了体现我国房价的空间自相关，在本书的实证分析中引入空间计量模型，空间计量模型的设定主要有三种方式：空间滞后模型、空间误差模型和广义空间模型。根据空间计量模型设定的检验方法（Debarsy and Ertur，2010）对我国区域房价进行检验发现，我国区域房价间存在空间相关，并且这种空间相

关既表现出了空间自相关，也表现出了空间误差相关，所以本书采用广义空间面板数据模型。广义空间面板数据模型的使用能很好地体现房地产价格的空间相关特征，从而克服了传统计量模型中无法考虑空间自相关的问题。但空间相关项的加入使得广义空间面板数据模型存在内生性问题和非球形扰动问题，导致传统的 OLS 估计量是有偏的和不一致的，从而研究过程中使用 GSGMM 对其估计。为了比较各区域房价空间相关性的差异，本书还从全国范围、东部地区、中部地区和西部地区比较分析了我国的房地产价格。

回归结果表明，空间相关是影响我国房价的一个重要因素，其中东部地区的房价基本上脱离经济基本面完全由空间因素决定，需求和供给因素是影响其他地区房价的重要因素，而利率和汇率的变化对我国房价无显著影响。对回归结果我们做了进一步的分析。首先，讨论了引起我国区域房价互动的原因。由于我国幅员辽阔、传统家乡情结、区域间经济差异及劳动力流动等具体特征，使得造成我国区域房价互动的原因与国外不尽相同，具体从劳动力流动，资本流动，信息传递，政府政策、企业定价能力及其他外生冲击方面进行分析。其次，对影响区域房价的基本因素（需求方面、供给方面、宏观政策方面）做了进一步解释，并与已有实证结论进行对比。

基于本书的分析可知，在考虑了房价的区域相关之后，各地区房价的影响因素已不完全相同，这为差异化和优化政府干预策略提供了新的依据，在制定房地产调控政策时应因地制宜、差别对待，避免全国范围一刀切的情况。此外，在考虑了房价的区域相关后，利率对房屋价格的影响不大，从而应该采取控制房地产信贷扩张规模、征收房地产税和增强房地产有效供给等其他政策以控制房价的过快增长。

三、我国区域房价时空相关分析的结论

本书利用2002年第一季度至2010年第三季度我国房地产价格的省际面板数据，通过广义空间动态面板数据模型（GSDPD），及四种不同的空间加权矩

阵比较分析我国房地产价格的时空相关。

实证结果表明，我国房地产价格存在时间滞后效应和空间滞后效应(即本地区上一期的房价及相邻地区本期的房价是影响该地区本期房价的两个重要因素)，且城镇居民可支配收入、信贷扩张、土地价格和房屋竣工面积是影响我国房价的重要因素，其中房屋竣工面积的增加可抑制各地区房地产价格的上升，而城镇居民可支配收入的增长、土地价格的上升和信贷扩张会推动各地区房地产价格的上升。除了房价的时间相关项外，影响区域房价的其他因素我们在第四章已做了进一步解释。房价时间滞后项回归系数显著不为零说明上一期的房价上涨会导致本地区房价的持续上涨，即房价存在正的"反馈效应"。这也验证了在对房地产价格继续上涨的预期刺激作用下，投机因素对我国房价上涨所起的推动作用。

空间结构的设定是空间计量经济学的重要问题，实证结果很可能与空间结构的设定有关系。因此，在进行空间计量分析时，适当的空间加权矩阵的选取是十分重要的。我们进一步采用经济相邻加权矩阵、空间距离加权矩阵与经济距离加权矩阵三种不同的空间加权矩阵分析我国房地产价格区域互动关系。结果表明，空间相邻权矩阵模型与经济相邻加权矩阵模型的空间相关系数比对应的空间距离加权矩阵模型与经济距离加权矩阵模型的空间相关系数大，即我国区域房价对相邻地区的影响比其他不相邻地区的影响大。空间相邻加权矩阵模型与空间距离加权矩阵模型的空间相关系数比对应的经济相邻加权矩阵模型与经济距离加权矩阵模型的空间相关系数大，即有相似经济特征的地区间房价相互影响程度比经济特征不相似的地区间房价相互影响程度小。

四、我国区域房价时空动态及扩散效应分析的结论

为了研究我国房地产价格时间相关与空间相关的扩散效应，我们首先将第五章考虑的广义空间动态面板数据模型转化为时空动态面板数据模型(将空间误差项具体化为时空滞后项)，并利用2002年第一季度至2010年第三季度我

国房地产价格的省际面板数据，得到了实证结果。

实证结果表明，我国房地产价格存在时间滞后效应和空间滞后效应，且城镇居民可支配收入、信贷扩张、土地价格和房屋竣工面积是影响我国房价的重要因素。为了比较分析各区域房价相关性的差异，根据国家统计局口径将中国分为东、中、西部进行讨论，结果表明东部地区各省份之间房价相关程度最大，西部地区各省份之间房价相关程度最小。

然后在房地产价格时空动态面板数据模型分析的基础上，利用 Jorda(2005) 提出的局部线性投影法计算空间脉冲响应函数，并由此分析我国房地产价格时间相关和空间相关的扩散效应。通过空间脉冲响应函数发现，在东部地区内，相邻地区房地产价格变动对该地区房价的影响会持续3个季度，上一期房价变动对该地区房价的影响将持续一年半左右；在中部地区内，相邻地区房地产价格变动对该地区未来房价不会产生显著影响，上一期房价变动对该地区房价的影响将持续5个季度左右，而在西部地区内，相邻地区房地产价格变动对该地区房价不会产生显著影响，上一期房价变动对该地区房价的影响将持续2个季度左右。与国内现在研究结论相比，在考虑了房价区域相关后，影响房价的各基本经济变量对房价的作用在持续时间和大小上皆变弱。主要有两个方面的原因：第一，忽略了区域房价的相关性造成基于 VAR 计算的脉冲响应函数是不准确的；第二，上述研究皆只在 VAR 框架下考虑单因素与房价的关系，从而高估了各单个因素对房价的影响。因此，本研究在区域房价空间相关的基础上，同时考虑了多个经济因素对房价的影响，所得结论更可靠。

空间结构的设定是空间计量经济学的一个重要问题，实证结果很可能与空间结构的设定有关系。从而，我们进一步采用经济相邻加权矩阵、空间距离加权矩阵与经济距离加权矩阵三种不同的空间加权矩阵检验我国房地产价格区域互动关系。

最后，现实生活中房价可能不只与不同单位有关，而且可能与不同时间也有关，从而我们进一步考虑我国房价区域互动的时间个体效应时空动态面板数据模型。其回归结果与我国房地产价格的个体效应时空动态面板数据模型的分析结果十分接近。从而时间个体效应模型下，房价的扩散效应结果与个体效应模型的结论非常相似，这也表明本书的分析结果是可靠的。

五、我国区域房价共同冲击因素异质效应分析的结论

从重大经济事件、房地产调控政策与市场表现关系出发，构建共同因子模型，探讨经济环境与调控政策等对区域房价的共同影响，并利用2002年第一季度至2012第四季度省际面板数据进行实证分析。主要结论包括：

（1）区域房价受两个共同因子的影响，第一个共同因子体现了经济环境（经济环境因子）对房价的影响，第二个共同因子体现了调控政策（调控政策因子）对房价的影响；

（2）相对于其他经济事件，次贷危机对我国各地区房价的影响最大，相对于其他时期的房价调控政策，2003—2008年的调控政策更为有效；

（3）各地区对共同冲击的反映是异质的，无论是经济环境因子还是调控政策因子的影响，按区域房价对其反映的方向和强度，可分为五组。

六、城镇化影响房地产价格的空间效应结论

为了充分探讨空间计量模型中回归系数所包含的交互信息，在计量分析之后，我们通过估计总效应、直接效应和间接效应来测度城镇化率及其他外生解释变量对房价的影响程度与方式。总效应的测度结果表明，城镇化进程是推动房地产价格上涨的重要因素，其影响程度与房地产开发投资、房屋供给增加基本相似；直接效应和间接效应则显示，一个地区城镇化进程的加快，既会导致当地房地产价格的上涨（直接效应），同时也会导致相关地区房地产价格的上涨（间接效应）。

此外，实证结果还表明，空间距离、地理区位、城市规模等因素将会导致城镇化影响房地产价格的空间效应存在差异性。就空间距离而言，城镇化的直接效应、间接效应和总效应均随着空间相关距离的增大而减弱，城市间房

地产价格的空间相关性也将随着城市间空间距离的增大而减小；就地理区位而言，房地产价格空间相关程度在东北地区最高，城镇化的直接效应在东北地区最强，城镇化的间接效应在东部地区最强；就城市规模而言，房地产价格空间相关程度在大城市更高，城镇化的直接效应在小城市更大，城镇化的间接效应在大城市更显著。

第二节　研究启示与建议

上述研究结论表明，影响我国区域房价联动的因素多种多样，具体可分为微观和宏观两个层面。微观层面要素诸如家庭迁移、交易成本、财富转移、空间套利等可以造成区域房价的空间传染，宏观层面变量诸如政府宏观调控、外生经济冲击等也会引起区域房价的联动变化趋势。在计量经济理论中，由区域市场因素造成的区域房价波浪形传递，可通过截面弱相关和空间计量模型体现，而由凌驾于整个区域市场的经济或行政等力量形成的区域房价同步波动，可通过截面强相关和共同因子模型体现。正是基于此，本研究运用空间计量模型与共同因子模型分析了我国区域房价的互动关系。根据研究结论，我们可获得如下启示与相关建议：

(1)在分析我国房地产价格的形成与变动时，除了经济基本面因素(如城镇居民可支配收入、房屋供给面积、土地价格等)，还要充分考虑区域房价自身间的互动关系及成因。既包括人流、信息流、资金流等交汇产生的传递，也包括重大经济事件发生所形成的外生冲击，特别是经济环境与政府调控政策的变化。房地产的双重属性决定了各种要素的交汇与重大事件的发生往往会导致资产价格的波动。从而，测算与分析要素的交汇与重大事件的发生对房地产市场影响的大小对理解房地产价格变动机理有重要意义，并且在对我国房地产价格进行实证分析时需要将这些相关因素考虑进去，否则将会造成回归偏误和错误推断(Chudik et al.，2011)。

(2)在我国房地产市场步入"新常态"和全面深化改革新背景下，政府应从土地、税收、金融及保障房等方面建立各个层面的房地产市场平稳健康发展长效机制，进而通过常态化制度预防房地产价格的非理性化变化，弱化因区域房价时空联动与扩散效应造成的消极作用。同时充分利用区域房价之间的时空联动关系与扩散效应，建立房地产市场信息充分共享平台，大力发展大城市周边卫星城市的基础设施与城市间轨道交通，以周边卫星城市房地产价格洼地反向带动大城市住房价格的合理回归。

(3)政府在制订房价调控政策时应充分考虑居民的响应及地区差异，传统"漫灌式"的房价调控政策已不再适宜，分类别的"滴灌式"调控政策才能更好地发挥作用。新调控政策的出台，无疑会改变居民对房地产市场发展的预判，进而影响其投资行为，改变房地产价格的走向。对政策的制定者而言，在制定政策时不仅要考虑到政策对市场可能产生的作用，还应充分考虑到其对居民的引导作用，防止地区房价的"反应过度"，从而促进各地区房地产市场协调平稳发展。针对房价持续高涨的大城市及与之高度正相关的城市提出限制房价上涨的具体市场化组合政策，促使房价上涨幅度处于理性水平；针对库存严重的中小城市及相关城市提出"去库存"的引导性政策，谨防因为区域房价的空间联运引发当地住房供给过剩风险。

(4)持续宽松的货币环境与低利率管制，是促使近年来房价过快上涨及部分调控政策无效的一个重要原因。通货膨胀及资产价格的上涨与货币宽松环境显然高度相关，特别是持续的低利率安排，给房地产市场提供了一个"非常确定的套利机会"环境，任何一个社会成员，无论他是居民还是厂商，只要具备足够理性就会在"持有货币资产，还是持有住宅(土地)资产"之间做出明确的决策，因而适当控制货币存量的增速与推进利率市场化进程，将有利于房价合理回归。

第三节　研究不足与展望

(1) 未考虑房价与经济基本面数据的非平稳性。在时间序列数据和面板数据的研究中，都有必要对其变量进行平稳性检验和协整检验，以避免可能出现的伪回归。检验方法如时间序列中的 DF、ADF 单位根检验法，Engle-Granger、Johansen 协整检验法；面板数据中的 LLC、IPS、CIPS 单位根检验法，Kao（1999）、Pedroni（2004）、Westerlund（2005）提出的协整检验法，等等。然而，在空间计量中一直未考虑此问题，尽管已有学者开始讨论此问题，但还不是很成熟，因而本研究采用空间计量的一贯做法，未对实证分析中的各变量进行平稳性检验和协整检验。

(2) 未能体现区域房价的滞后/领先关系。探讨区域房价互动关系的实证分析主要有两类：格兰杰因果检验和回归模型方法(线性回归模型、空间滞后模型、空间误差模型、广义空间模型)。格兰杰因果检验能很好地发现区域间房价的滞后/领先关系，但格兰杰因果关系检验中无法引入其他解释变量，从而无法测度出一个地区(或城市)房价对其他地区(或城市)房价影响的大小。空间计量通过空间滞后因子能很好地解决此问题，但它假设两地区间影响是对等的，虽然本研究通过经济加权矩阵解决了部分不对等问题，但还是没有体现出滞后/领先关系。Holly 等(2010)提供了一种方法将滞后/领先关系引入进模型，他们在分析英国房价区域相关时，将伦敦看成新一轮房价变动的始发地，其他地区受其影响而变动，这将是本项目未来的研究方向。

(3) 未将截面弱相关与截面强相关统一在同一模型中进行分析。本研究的主要是运用空间计量理论与方法，考察了我国区域房价的空间联动情况(第四章、第五章和第六章)及其影响(第七章和第八章)。然而，从本质上来看，这些研究都是分析区域或城市房价的截面弱相关，即由区域市场因素造成的一种波浪形传递。此外，还有凌驾于整个区域市场的经济或行政等力量会导致区房价空间联动。这类因素将会导致各区域房价同步波动，造成区域房价截面强相关。本研究的第九章对此做了一个基本的讨论。因此，如何同时将空间过程、因子过程和时序相关过程引入同一模型框架分析我国区域房价是本项目未来的又一个研究方向。

参考文献

◎ 白忠菊，杨庆媛，2012. 土地供应、房价波动与地方政府的或然态势 [J]. 改革（11）：83-90.

◎ 陈浪南，王鹤，2012. 我国房地产价格区域互动的实证研究 [J]. 统计研究（7）：37-43.

◎ 陈石清，朱玉林，2008. 中国城市化水平与房地产价格的实证分析 [J]. 经济问题（01）：47-49.

◎ 陈彦斌，陈小亮，2013. 人口老龄化对中国城镇住房需求的影响 [J]. 经济理论与经济管理（05）：45-58.

◎ 陈章喜，黄准，2010. 珠三角经济区房地产价格互动关系研究——以广州、深圳、东莞为例 [J]. 南方金融（04）：82-86.

◎ 程利敏，2013. 新型城镇化对房地产价格影响程度的实证研究 [J]. 河南科技学院学报（11）：11-14.

◎ 单志鹏，2013. 在宏观调控中土地政策对房地产市场的影响效果研究 [D]. 长春：吉林大学.

◎ 董正信，刘全智，2013. 我国城镇化发展与房地产价格关系的实证分析 [J]. 统计与管理（05）：83-84.

◎ 董志勇，等，2010. 房地产价格影响因素分析：基于中国各省市的面板数据

的实证研究 [J]. 中国地质大学学报 (社会科学版) (10)：98-103.

◎ 杜帼男，蔡继明，2013. 城市化测算方法的比较与选择 [J]. 当代经济研究 (10)：31-40.

◎ 段忠东，2007. 房地产价格与通货膨胀、产出的关系——理论分析与基于中国数据的实证检验 [J]. 数量经济技术经济研究 (12)：127-139.

◎ 冯皓，陆铭，2010. 通过买房而择校：教育影响房价的经验证据与政策含义 [J]. 世界经济 (12)：89-104。

◎ 韩正龙，王洪卫，2014. 区域差异、城镇化与房地产价格——来自中国房地产市场的证据 [J]. 经济问题探索 (02)：63-70.

◎ 胡宏伟，2004. "温州炒房团"财富揭秘 [J]. 财富智慧 (08)：52-58.

◎ 黄飞雪，等，2009. 基于协整和向量误差修正模型的中国主要城市房价的联动效应研究 [J]. 中大管理研究 (02)：122-143.

◎ 黄静，屠梅曾，2009. 基于非平稳面板计量的中国城市房价与地价关系实证分析 [J]. 统计研究 (07)：13-19.

◎ 姜松，王钊，2014. 中国城镇化与房价变动的空间计量分析 [J]. 科研管理 (11)：163-70.

◎ 况伟大，2012. 房产税，地价与房价 [J]. 中国软科学 (04)：25-37.

◎ 李婧，谭清美，白俊红，2010. 中国区域创新生产的空间计量分析——基于静态与动态空间面板模型的实证研究 [J]. 管理世界 (07)：43-55+65.

◎ 李永友，2014. 房价上涨中的需求因素和涟漪效应 [J]. 经济学季刊 (01)：443-464.

◎ 李勇，李汉东，王有贵，2011. 中国房价和地价到底谁拉动谁 ?[J]. 北京师范大学学报 (自然科学版) (05)：542-545.

◎ 梁云芳，高铁梅，2007. 中国房地产价格波动区域差异的实证分析 [J]. 经济研究 (08)：133-42.

◎ 梁云芳，高铁梅，2006.我国商品住宅销售价格波动成因的实证分析 [J]. 管理世界（08）：76-82.

◎ 刘纪学，汪成豪，董纪昌，等，2009.次贷危机及其对我国房地产市场的影响 [J]. 管理评论（02）：84-91.

◎ 陆铭，陈钊，2004.城市化、城市倾向的经济政策与城乡收入差距 [J]. 经济研究（6）：50-58.

◎ 骆永民，2011.城市化对房价的影响：线性还是非线性？——基于四种面板数据回归模型的实证分析 [J]. 财经研究（04）：135-44.

◎ 吕江林，2010.我国城市住房市场泡沫水平的度量 [J]. 经济研究（06）：28-41.

◎ 平新乔，陈敏彦，2004.融资、地价与楼盘价格趋势 [J]. 世界经济（07）：3-10+80.

◎ 钱金保，2008.中国房地产价格的泡沫检验和空间联动分析 [J]. 南方金融（12）：17-20.

◎ 钱晓烨，迟巍，黎波，2010.人力资本对我国区域创新及经济增长的影响——基于空间计量的实证研究 [J]. 数量经济技术经济研究（04）：107-121.

◎ 任木荣，刘波，2009.房价与城市化的关系——基于省际面板数据的实证分析 [J]. 南方经济（02）：41-49.

◎ 任英华，徐玲，游万海，2010.金融集聚影响因素空间计量模型及其应用 [J]. 数量经济技术经济研究（05）：104-115.

◎ 沈悦，刘洪玉，2004.住宅价格与经济基本面：1995—2002 年中国 14 城市的实证研究 [J]. 经济研究（06）：78-86.

◎ 王爱俭，沈庆劼，2007.人民币汇率与房地产价格的关联性研究 [J]. 金融研究（06）：13-22.

◎ 王春艳，吴老二，2007.人口迁移、城市圈与房地产价格——基于空间计量学的研究 [J]. 人口与经济（04）：63-67+58.

◎ 王鹤，2012.基于空间计量的房地产价格影响因素分析 [J].经济评论（01）：48-56.

◎ 王鹤，潘爱民，陈湘州，2014.经济环境、调控政策与区域房价——基于面板数据同期强相关视角 [J].南方经济（06）：56-74.

◎ 王立平,2013.我国房地产价格"稳健性"影响因素实证研究 [J].管理世界（10）：184-85.

◎ 王美今，林建浩，余壮雄，2010.中国地方政府财政竞争行为特性识别："兄弟竞争"与"父子争议"是否并存?[J].管理世界（03）：22-31+187-188.

◎ 王松涛，杨赞，刘洪玉，2008.我国区域市场城市房价互动关系的实证研究 [J].财经问题研究（06）：122-129.

◎ 魏巍贤，原鹏飞，2009.住房价格上涨的金融支持及检验——基于 VEC 模型的实证分析 [J].财贸研究（02）：83-89.

◎ 吴燕华，杨刚，2011.我国货币政策对房地产价格调控的动态影响分析 [J].现代财经（天津财经大学学报）（10）：70-76.

◎ 武振,2007.关于境外"热钱"投机北京房地产市场的思考 [J].建筑经济（04）：57-59.

◎ 谢东旭，2004."温州人"炒房在福建的影响 [J].中国房地产金融（08）：48.

◎ 谢福泉，黄俊晖，2013.城镇化与房地产市场供需：基于中国数据的检验 [J].上海经济研究（08）：115-123.

◎ 闫妍，等，2007.基于 TEI@I 方法论的房价预测方法 [J].系统工程理论与实践（07）：32-42.

◎ 严金海，2006.中国的房价与地价：理论、实证和政策分析 [J].数量经济技术经济研究（01）：17-26.

◎ 杨刚，王洪卫，谢永康，2012.货币政策工具类型与区域房价：调控效果的比较研究 [J].现代财经（天津财经大学学报）（05）：27-34.

◎ 余华义，2010.经济基本面还是房地产政策在影响中国的房价 [J]. 财贸经济
（03）：116-122.

◎ 原鹏飞，邓嫦琼，2008.住房价格上涨与其影响因素之间的关系研究——基
于 VEC 模型的实证分析 [J]. 统计与信息论坛（11）：83-86+92.

◎ 张晓旭，冯宗宪，2008.中国人均 GDP 的空间相关与地区收敛：1978—2003
[J]. 经济学（季刊）（02）：399-414.

◎ 郑娟尔，2008.土地供应模式和供应量影响房价的理论探索与实证研究 [D].
杭州：浙江大学 .

◎ 钟威,2010.珠三角"极点"城市住宅价格传导研究 [D]. 武汉：华中科技大学 .

◎ 周京奎，2005.货币政策、银行贷款与住宅价格——对中国 4 个直辖市的实
证研究 [J]. 财贸经济（05）：22-27.

◎ 周京奎，2006.房地产泡沫生成与演化——基于金融支持过度假说的一种解
释 [J]. 财贸经济（05）：3-10+96.

◎ 朱磊，2007."潜在过度城市化"视角下房地产价格攀升探析 [J]. 经济与管理
（07）：5-9.

◎ Abraham J, Hendershott P, 1994. Bubbles in metropolitan housing markets[J].
NBER working paper.

◎ Alexander C, Barrow M, 1994. Seasonality and cointegration of regional house
prices in the UK[J]. Urban Studies, 31 (10): 1667.

◎ Allen F, Gale D, 1998. Optimal financial crises[J]. The Journal of Finance, 53 (4):
1245-1284.

◎ Allen F, Gale D, 2000. Bubbles and crises[J]. The Economic Journal, 110 (460):
236-255.

◎ Amemiya T, 1971. The estimation of the variances in a variance-components model
[J]. International economic review, 12 (1): 1-13.

◎ Anselin L, 1980. Estimation methods for spatial autoregressive structures[M]. Regional Science Dissertation & Monograph Series, Program in Urban and Regional Studies, Cornell University(8).

◎ Anselin L, 1988a. Lagrange multiplier test diagnostics for spatial dependence and spatial heterogeneity[J]. Geographical analysis, 20 (1): 1-17.

◎ Anselin L, 1988b. Spatial econometrics:methods and models[M].Kluwer Academic Publishers, The Netherlands.

◎ Anselin L, 1998. Exploratory spatial data analysis in a geocomputational environment [M]. Geocomputation, a Primer, Wiley, New York: 77-94.

◎ Anselin L, 1999. Interactive techniques and exploratory spatial data analysis[J]. Geographical Information Systems: principles, techniques, management and applications(1): 251-264.

◎ Anselin L, 2001. Rao's score test in spatial econometrics[J]. Journal of statistical planning and inference, 97 (1): 113-139.

◎ Anselin L, 2006. Palgrave Handbook of Econometrics: Volum I Econometric Theory [M]. Chapter Spatial Econometrics, Palgrave MacMilla.

◎ Arellano M, Bover O, 1995. Another look at the instrumental variable estimation of error-components models[J]. Journal of econometrics, 68 (1): 29-51.

◎ Arellano M, Bond S, 1991. Some tests of specification for panel data: Monte Carlo evidence and an application to employment equations[J]. The Review of Economic Studies, 58 (2): 277-297.

◎ Ashworth J, Parker S, 1997. Modelling regional house prices in the UK[J]. Scottish Journal of Political Economy, 44 (3): 225-246.

◎ Bai J, 2003. Inferential theory for factor models of large dimensions[J]. Econometrica, 71(1): 135-171.

◎ Bai J, 2009. Panel data models with interactive fixed effects[J]. Econometrica, 77 (4): 1229-1279.

◎ Bai J, Ng S, 2002. Determining the number of factors in approximate factor models [J]. Econometrica, 70(1): 191-221.

◎ Bailey T C, Gatrell A C, 1995. Interactive spatial data analysis[M]. Longman Scientific & Technical Essex.

◎ Baltagi B H, Liu L, 2008. Testing for random effects and spatial lag dependence in panel data models[J]. Statistics & Probability Letters, 78 (18): 3304-3306.

◎ Baltagi B H, Song S H, Koh W, 2003. Testing panel data regression models with spatial error correlation[J]. Journal of Econometrics, 117 (1): 123-150.

◎ Baltagi B H, Song S H, Cheol Jung B, et al, 2007. Testing for serial correlation, spatial autocorrelation and random effects using panel data[J]. Journal of Econometrics, 140 (1): 5-51.

◎ Bartels C, Hordijk L, 1977. On the power of the generalized Moran contiguity coefficient in testing for spatial autocorrelation among regression disturbances[J]. Regional Science and Urban Economics, 7 (1-2): 83-101.

◎ Basu S, Thibodeau T, 1998. Analysis of spatial autocorrelation in house prices[J]. The Journal of Real Estate Finance and Economics, 17 (1): 61-85.

◎ Baumont C, 2007. Neighborhood Effects, Urban Public Policies and Housing Values. A Spatial Econometric Perspective[J]. LEG-Document de travail-Economie.

◎ Berg L, 2002. Economics. Prices on the second-hand market for Swedish family houses: correlation, causation and determinants[J]. European Journal of Housing Policy, 2 (1): 1-24.

◎ Berkovec J A, Goodman Jr G L, 1996. Turnover as a measure of demand for existing homes[J]. Real Estate Economics, 24 (4): 421-440.

◎ Blundell R, Bond S, 1998. Initial conditions and moment restrictions in dynamic panel data models[J]. Journal of Econometrics,87 (1): 115-143.

◎ Bond S, 2002. Dynamic panel data models: a guide to micro data methods and practice[J]. Portuguese Economic Journal,1 (2): 141-162.

◎ Bowen W M, Mikelbank B A, Prestegaard D M, 2001. Theoretical and empirical considerations regarding space in hedonic housing price model applications[J]. Growth and change, 32 (4): 466-490.

◎ Brady R, 2009. Measuring the diffusion of housing prices across space and over time[J]. Journal of Applied Econometrics.

◎ Bramley G, 1993. Land-use planning and the housing market in Britain: the impact on housebuilding and house prices[J]. Environment and Planning A, 25： 1021-1021.

◎ Breitung J, Pesaran M H, 2008. Unit roots and cointegration in panels[J]. The Econometrics of Panel Data: 279-322.

◎ Bun M, Carree M, 2005. Bias-corrected estimation in dynamic panel data models [J]. Journal of Business and Economic Statistics,23 (2): 200-210.

◎ Burridge P, 1980. On the cliff-ord test for spatial autocorrelation[J]. Journal of the Royal Statistical Society.

◎ Can A, 1990. The measurement of neighborhood dynamics in urban house prices [J]. Economic Geography: 254-272.

◎ Case K, Shiller R, 1989. The efficiency of the market for single-family homes[J]. The American Economic Review,79 (1): 125-137.

◎ Chian, 2009. The Convergence of Regional House Price: An Application to Taiwan [J]. Journal of Real Estate Finance and Economics.

◎ Clapp J, Tirtiroglu D, 1994. Positive feedback trading and diffusion of asset price changes: Evidence from housing transactions[J]. Journal of Economic Behavior & Organization, 24 (3): 337-355.

◎ Clark S P, Coggin T D, 2009. Trends, cycles and convergence in US regional house prices[J]. The Journal of Real Estate Finance and Economics, 39 (3): 264-283.

◎ Cliff A D, Haggett P, Ord J K, et al, 1975. Elements of spatial structure: a quantitative approach[M]. London: Cambridge.

◎ Cliff A, Ord J, 1973. Spatial autocorrelation[M]. Pion.

◎ Cliff A, Ord J K, 1981. Spatial process:models and applications [M]. Pion, London.

◎ Coakley J, Fuertes A M, Smith R, 2002. A principal components approach to cross-section dependence in panels. in 10th International Conference on Panel Data, Berlin, July 5-6.

◎ Cook S, 2003. The convergence of regional house prices in the UK[J]. Urban Studies, 40 (11): 2285.

◎ Das D, Kelejian H, Prucha I, 2003. Finite sample properties of estimators of spatial autoregressive models with autoregressive disturbances[J]. Papers in regional science, 82 (1): 1-26.

◎ Debarsy N, Ertur C, 2010. Testing for spatial autocorrelation in a fixed effects panel data model[J]. Regional Science and Urban Economics, 40 (6): 453-470.

◎ Des Rosiers F, Thériault M, Villeneuve P Y, 2000. Sorting out access and neighbourhood factors in hedonic price modelling[J]. Journal of Property Investment & Finance,18 (3): 291-315.

◎ Dewachter H, Houssa R, Toffano P, 2010. Spatial propagation of macroeconomic shocks in Europe[J]. Open Access publications from Katholieke Universiteit Leuven.

◎ Dijk A, Franses P H, Paap R, et al, 2007. Modeling regional house prices[R]. Econometric Insititute Report, Rotterdam,Erasmus University Rotterdam.

◎ Dolde W, Tirtiroglu D, 1997. Temporal and spatial information diffusion in real estate price changes and variances[J]. Real Estate Economics,25 (4): 539-565.

◎ Drake L, 1995. Testing for convergence between UK regional house prices[J]. Regional studies,29 (4): 357-366.

◎ Dubin R, Pace R, Thibodeau T, 1999. Spatial autoregression techniques for real estate data[J]. Journal of Real Estate Literature,7 (1): 79-96.

◎ Eberhardt M, Bond S, 2009. Cross-section dependence in nonstationary panel models: a novel estimator[J]. MPRA Paper.

◎ Ekman E, Englund P, 1997. Transaction Costs and House Price Dynamics[J]. ENHR Housing Economics Workshop Paper.

◎ Elhorst J, 2003. Specification and estimation of spatial panel data models[J]. International regional science review, 26 (3): 244.

◎ Elhorst J, 2005. Unconditional Maximum Likelihood Estimation of Linear and Logmminear Dynamic Models for Spatial Panels[J]. Geographical Analysis, 37 (1): 85-106.

◎ Fingleton B, 2008a. A generalized method of moments estimator for a spatial model with moving average errors, with application to real estate prices[J]. Empirical Economics, 34 (1): 35-57.

◎ Fingleton B, 2008b. A generalized method of moments estimator for a spatial panel model with an endogenous spatial lag and spatial moving average errors[J]. Spatial Economic Analysis, 3 (1): 27-44.

◎ Fotheringham A S, Brunsdon C, Charlton M, 2002. Geographically weighted regression: the analysis of spatially varying relationships[M]. John Wiley & Sons Inc.

◎ Fratantoni M, Schuh S, 2003. Monetary Policy, Housing, and Heterogeneous Regional Markets[J]. Journal of Money, Credit & Banking, 35 (4): 557-590.

◎ Gallo J, Ertur C, 2003. Exploratory spatial data analysis of the distribution of regional per capita GDP in Europe, 1980–1995[J]. Papers in regional science, 82 (2): 175-201.

◎ Gelfand A E, Kim H J, Sirmans C, et al, 2003. Spatial modeling with spatially varying coefficient processes[J]. Journal of the American Statistical Association, 98 (462): 387-396.

◎ Getis A, Ord J, 1992. The Analysis of Spatial Association by Use of Distance Statistics[J]. Geographical analysis, 24: 189-206.

◎ Gillen K, Thibodeau T, Wachter S, 2001. Anisotropic autocorrelation in house prices[J]. The Journal of Real Estate Finance and Economics, 23 (1): 5-30.

◎ Giussani B, Hadjimatheou G, 1991. Modeling regional house prices in the United Kingdom[J]. Papers in regional science, 70 (2): 201-219.

◎ Green R, 1999. Land use regulation and the price of housing in a suburban Wisconsin County[J]. Journal of Housing Economics, 8: 144-159.

◎ Guntermann K L, Norrbin S C, 1991. Empirical tests of real estate market efficiency [J]. The Journal of Real Estate Finance and Economics, 4 (3): 297-313.

◎ Gupta R, Miller S M, 2009a. The Time-Series Properties of House Prices: A Case Study of the Southern California Market[J]. The Journal of Real Estate Finance and Economics: 1-23.

◎ Gupta R, Miller S, 2009b. Ripple effectsand forecasting home prices in Los Angeles, Las Vegas and Phoenix[J]. University of Pretoria, Department of Economics.

◎ Kelejian H, Prucha I R, 2001. On the asymptotic distribution of the Moran I test statistic with applications[J]. Journal of Econometrics, 104 (2): 219-257.

◎ Haining R P, 1993. Spatial data analysis in the social and environmental sciences [M]. Cambridge Univ Pr.

◎ Hayashi F, 2000. Econometrics[M]. Princeton University Press, Princeton.

◎ Ho L S, Ma Y, Haurin D R, 2008. Domino effects within a housing market: the transmission of house price changes across quality tiers[J]. The Journal of Real Estate Finance and Economics, 37 (4): 299-316.

◎ Holly S, Pesaran M H, Yamagata T, 2011. The spatial and temporal diffusion of house prices in the UK[J]. Journal of Urban Economics, 69 (1): 2-23.

◎ Holly S, Pesaran M, Yamagata T, 2010a. A spatio-temporal model of house prices in the US[J]. Journal of Econometrics.

◎ Holly S, Pesaran M, Yamagata T, 2010b. The Spatial and Temporal Diffusion of House Prices in the UK[J]. Journal of Urban Economics.

◎ Holmes M J, Otero J, Panagiotidis T, 2011. Investigating Regional House Price Convergence in the United States: Evidence from a pair-wise approach[J]. Discussion Paper Series.

◎ Holmes M, 2007. How convergent are regional house prices in the United Kingdom? Some new evidence from panel data unit root testing[J]. Journal of Economic and Social Research, 9 (1): 1-17.

◎ Holmes M, Grimes A, 2008. Is there long-run convergence among regional house prices in the UK?[J]. Urban Studies, 45 (8): 1531.

◎ Hordijk L, 1974. Spatial correlation in the disturbances of a linear interregional model[J]. Regional and Urban Economics, 4 (2): 117-140.

◎ Hsiao C, 2003. Analysis of panel data[M]. Cambridge Univ Pr.

◎ Hsiao C, Pesaran M H, Tahmiscioglu A K, 2002. Maximum likelihood estimation of fixed effects dynamic panel data models covering short time periods[J]. Journal of Econometrics, 109 (1): 107-150.

◎ Hughes G, McCormick B, 1994. Did migration in the 1980s narrow the North-South divide?[J]. Economica, 61 (244): 509-527.

◎ Hwang M, Quigley J, 2006. Economic fundamentals in local housing markets: evidence from US metropolitan regions[J]. Journal of Regional Science, 46 (3): 425-453.

◎ Im K, Pesaran M, Shin Y, 2003. Testing for unit roots in heterogeneous panels[J]. Journal of econometrics, 115(1): 53-74.

◎ Ioannides Y, Thanapisitikul W, 2016. Spatial Effects and House Price Dynamics in the Continental US[J]. Journal of Housing Economics, 31: 1-3.

◎ Ismail S, 2006. Spatial autocorrelation and real estate studies: A literature review [J]. Malaysian Journal of Real Estate, 1 (1): 1-13.

◎ Jorda O, 2005,. Estimation and inference of impulse responses by local projections [J]. American Economic Review 95 (1): 161-182.

◎ Jorda S, Kozicki, 2007. Estimation and inference by the method of projection minimum distance[J]. Working paper.

◎ Kapoor M, Kelejian H, Prucha I, 2007. Panel data models with spatially correlated error components[J]. Journal of econometrics,140 (1): 97-130.

◎ Kelejian H H, Prucha I R, 1998b. A generalized spatial two-stage least squares procedure for estimating a spatial autoregressive model with autoregressive disturbances[J]. The Journal of Real Estate Finance and Economics, 17 (1): 99-121.

◎ Kelejian H, Robinson D, 1993. A suggested method of estimation for spatial inter-dependent models with autocorrelated errors, and an application to a county expenditure model[J]. Papers in regional science,72 (3): 297-312.

◎ Kelejian H, Prucha I, 1998a. A generalized spatial two-stage least squares procedure for estimating a spatial autoregressive model with autoregressive disturbances[J]. The Journal of Real Estate Finance and Economics, 17 (1): 99-121.

◎ Kelejian H, Prucha I, 1999. A generalized moments estimator for the autoregressive parameter in a spatial model[J]. International economic review, 40 (2): 509-533.

◎ Krainer J, 2005. Housing markets and demographics[J]. FRBSF Economic Letter, 21.

◎ Kuethe T H, Pede V O, 2011. Regional Housing Price Cycles: A Spatio-temporal Analysis Using US State-level Data[J]. Regional studies, 45 (5): 563-574.

◎ Kunze P, 2004. Inefficienciesh in the Real Estate: Implications for the Price Dynamics[D]. PHD. Dissertation, The George Washington University.

◎ Larraz-Iribas B, Alfaro-Navarro J L, 2008. Asymmetric behaviour of spanish regional house prices[J]. International Advances in Economic Research,14 (4): 407-421.

◎ Le Gallo J, Ertur C, 2003. Exploratory spatial data analysis of the distribution of regional per capita GDP in Europe, 1980—1995[J]. Papers in regional science, 82 (2): 175-201.

◎ Lee L F, Yu J H, 2010a. A Spatial Dynamic Panel Data Model with Both Time and Individual Fixed Effects[J]. Econometric Theory, 26 (2): 564-597.

◎ Lee L, 2004. Asymptotic distributions of quasi-maximum likelihood estimators for spatial autoregressive models[J]. Econometrica,72 (6): 1899-1925.

◎ Lee L, Yu J, 2010. Estimation of spatial autoregressive panel data models with fixed effects[J]. Journal of Econometrics,154 (2): 165-185.

◎ Liu X, 2013. Spatial and Temporal Dependence in House Price Prediction [J]. Journal of Real Estate Finance&Economic, 47(2): 341-369.

◎ Ma L, 2011. Spatial and temporal variation of house prices[J]. Deakin University.

◎ MacDonald R, Taylor M, 1993. Regional house prices in Britain: long-run relationships and short-run dynamics[J]. Scottish Journal of Political Economy, 40 (1): 43-55.

◎ Madariaga N, Poncet S, 2007. FDI in Chinese cities: Spillovers and impact on growth[J]. The World Economy, 30 (5): 837-862.

◎ Meen G, 1996. Spatial aggregation, spatial dependence and predictability in the UK housing market[J]. Housing Studies, 11(3): 345-372.

◎ Munro M, Tu Y, 1996. The dynamics of UK national and regional house prices[J]. Review of Urban & Regional Development Studies, 8(2): 186-201.

◎ Nerlove M, 1971. A note on error components models[J]. Econometrica: journal of the Econometric Society, 39 (2): 383-396.

◎ Oikarinen E, 2004. The diffusion of housing price movements from center to surrounding areas[J]. Journal of Housing Research, 15 (1): 3-28.

◎ Ord J, Getis A, 1995. Local spatial autocorrelation statistics: distributional issues and an application[J]. Geographical analysis, 27 (4): 286-306.

◎ Ord J, Getis A, 2001. Testing for local spatial autocorrelation in the presence of global autocorrelation[J]. Journal of Regional Science, 41 (3): 411-432.

◎ Ord K, 1975. Estimation methods for models of spatial interaction[J]. Journal of the American Statistical Association, 120-126.

◎ Paelinck J H P, Klaassen L H, 1979. Spatial econometrics[M]. Saxon House.

◎ Pesaran M H, Smith R P, Yamagata T, et al, 2009. Pairwise tests of purchasing power parity[J]. Econometric Reviews, 28 (6): 495-521.

◎ Pesaran M, 2007. A simple panel unit root test in the presence of cross-section dependence[J]. Journal of Applied Econometrics, 22 (2): 265-312.

◎ Pesaran M H, 2006. Estimation and inference in large heterogeneous panels with a multifactor error structure[J]. Econometrica, 74(4): 967-1012.

◎ Pesaran M H, Smith R, 1995. Estimating long-run relationships from dynamic heterogeneous panels[J]. Journal of Econometrics, 68(1): 79-113.

◎ Pollakowski H, Ray T, 1997. Housing price diffusion patterns at different aggregation levels: an examination of housing market efficiency[J]. Journal of Housing Research, 8: 107-124.

◎ Quigley J M, 2002. Real estate prices and economic cycles[J]. Berkelry Program on Housing & Urban Policy Working Paper, 2(1): 1-20.

◎ Rambaldi A N, Rao P, 2011. Hedonic Predicted House Price Indices Using Time-Varying Hedonic Models with Spatial Autocorrelation[J]. Discussion Papers Series.

◎ Rayburn W, Devaney M, Evans R, 1987. A test of weak-form efficiency in residential real estate returns[J]. Real Estate Economics, 15 (3): 220-233.

◎ Roodman D, 2006. How to do xtabond2: An introduction to difference and system GMM in Stata[J]. Center for Global Development.

◎ Roodman D, 2009. A Note on the Theme of Too Many Instruments[J]. Oxford Bulletin of Economics and Statistics, 71 (1): 135-158.

◎ Sarafidis V, Wansbeek T, 2012. Cross-sectional dependence in panel data analysis [J]. Econometric Reviews, 31(5): 483-531.

◎ Schabenberger O, Gotway C A, 2005. Statistical methods for spatial data analysis [M]. CRC Press.

◎ Smyth R, Nandha M, 2003. Cointegration and causality in Australian capital city house prices 1986-2001[J]. Journal of Economic and Social Policy,7 (2): 35-50.

◎ Stein J C, 1995. Prices and trading volume in the housing market: A model with down-payment effects[J]. The Quarterly Journal of Economics,110 (2): 379.

◎ Tu Y, 2000. Segmentation of Australian housing markets: 1989-98[J]. Journal of property research, 17 (4): 311-327.

◎ Tu Y, Yu S M, Sun H, 2004. Transaction-Based Office Price Indexes: A Spatiotemporal Modeling Approach[J]. Real Estate Economics,32 (2): 297-328.

◎ Upton G J G, Fingleton B, 1985. Spatial data analysis by example[M]. Vol. 1: Point pattern and quantitative data, Chichester: Wiley, 1.

◎ Wallace T, Hussain A, 1969. The use of error components models in combining cross section with time series data[J]. Econometrica: journal of the Econometric Society,37 (1): 55-72.

◎ Wilhelmsson M, 2002. Spatial models in real estate economics, Housing[J]. Theory and Society,19 (2): 92-101.

◎ Wood R, 2003. The information content of regional house prices: can they be used to improve national house price forecasts?[J]. Bank of England Quarterly Bulletin.

◎ Yu J, De Jong R, Lee L, 2008. Quasi-maximum likelihood estimators for spatial dynamic panel data with fixed effects when both n and T are large[J]. Journal of Econometrics, 146 (1): 118-134.